汉语口语速成

入门篇 第2版

Short-term Spoken Chinese

Threshold vol. 2

下

马箭飞 主编

苏英霞 翟艳 编著

北京语言大学出版社
BEIJING LANGUAGE AND CULTURE
UNIVERSITY PRESS

（京）新登字 157 号

图书在版编目（CIP）数据

汉语口语速成·入门篇·下 / 马箭飞主编；苏英霞，翟艳编著. —第 2 版.
—北京：北京语言大学出版社，2006 重印
ISBN 7 - 5619 - 1365 - 6

Ⅰ. 汉…
Ⅱ. ①马…　②苏…　③翟…
Ⅲ. 汉语－口语－对外汉语教学－教材
Ⅳ. H195.4

中国版本图书馆 CIP 数据核字(2004)第 096640 号

书　　　名：汉语口语速成·入门篇·下
责任印制：乔学军

出版发行：北京语言大学出版社
社　　　址：北京市海淀区学院路 15 号　邮政编码:100083
网　　　址：www.blcup.com
电　　　话：发行部　82303650/3591/3651
　　　　　　编辑部　82303395
　　　　　　读者服务部　82303653/3908
印　　　刷：北京新丰印刷厂
经　　　销：全国新华书店

版　　　次：2005 年 9 月第 1 版　2006 年 4 月第 3 次印刷
开　　　本：787 毫米×1092 毫米　1/16　印张:12.5
字　　　数：250 千字　　印数：10001 - 25000 册
书　　　号：ISBN 7 - 5619 - 1365 - 6/H · 04067
定　　　价：31.00 元

凡有印装质量问题，本社负责调换。电话：82303590

　　《汉语口语速成》系列教材自 1999 年陆续出版以来，备受欢迎，其韩国版甚至成为韩国最畅销的一套汉语教材。但这套教材编写于 1998 年，书中某些内容已经落后于中国当前的现实生活，所以，编者对这套教材进行了修订，调换了过时的内容，以使教材贴近当前现实，同时借机根据教学反馈对语言点的配置作了适当调整，改善版面设计，以使教材更便于使用。

　　该书共配有 6 张 DVD 教学示范光盘（上、下册各 3 盘），含有真实语境的情景对话、课文讲解、生词朗读和看图练习。该教学示范光盘配有英语、日语、韩语等可选择字幕，特别适合非汉语环境下的初学者自学使用。

北京语言大学出版社

2004 年 8 月

《汉语口语速成》是为短期来华留学生编写的、以培养学生口语交际技能为主的一套系列课本。全套课本共分五册,分别适应具有"汉语水平等级标准"初、中、高三级五个水平的留学生的短期学习需求。

编写这样一套系列课本主要基于以下几点考虑:

1. 短期来华留学生具有多水平、多等级的特点,仅仅按初、中、高三个程度编写教材不能完全满足学生的学习需求和短期教学的需求,细化教学内容、细分教材等级,并且使教材形成纵向系列和横向阶段的有机结合,才能使教材具有更强的适应性和针对性。

2. 短期教学的短期特点和时间的高度集中的特点,要求我们在教学上要有所侧重,在内容上要有所取舍,不必面面俱到,所以短期教学的重点并不是语言知识的系统把握和全面了解,而是要注重听说交际技能的训练。这套课木就是围绕这一目的进行编写的。

3. 短期教学要充分考虑到教学的实用性和时效性,要优选与学生的日常生活、学习、交际等方面的活动有直接联系的话题、功能和语言要素进行教学,并且要尽量地使学生在每一个单位教学时间里都能及时地看到自己的学习效果。因此,我们试图吸收任务教学法的一些经验,力求每一课书都能让学生掌握并应用一项或几项交际项目,学会交际中所应使用的基本的话语和规则,最终能够顺利地完成交际活动。

4. 教材应当把教师在教学中的一些好经验、好方法充分体现出来。在提供出一系列学习和操练内容的同时,还应当在教学思路、教学技巧上给使用者以启示。参与这套教材编写的人员都是有多年教学经验、并且在教学上有所创新的青年教师,他们中的多人都曾获过校内外的多个教学奖项,我们希望这套教材能够反映他们在课堂教学的一些想法,与同行进行交流。

5. 编写此套教材时,我们力求在语料选取、练习形式等方面有所突破。尽量选取和加工真实语料,增加交际性练习内容,使用图片、实物图示等手段丰富教材信息、增加交际实感,体现真实、生动、活泼的特点。

《汉语口语速成》系列课本包括入门篇、基础篇、提高篇、中级篇、高级篇五本。

1. 入门篇

   适合零起点和初学者学习。共30课,1～5课为语音部分,自成系统,供使用者选用。6～30课为主课文,涉及词汇语法大纲中最常用的词汇、句型和日常生活、学习等交际活动的最基本的交际项目。

2. 基础篇

   适合具有初步听说能力、掌握汉语简单句型和800个左右词汇的学习者学习。共25课,涉及大纲中以乙级词汇为主的常用词、汉语特殊句式、复句以及日常生活、学习、社交等交际活动的简单交际项目。

3. 提高篇

   适合具有基本的听说能力,掌握汉语一般句式和主要复句、特殊句式及1500个词汇的学习者学习。共25课,涉及以重点词汇为主的乙级和丙级语法内容和词汇;涉及生活、学习、社交、工作等交际活动的一般性交际项目。

4. 中级篇

   适合具有一般的听说能力,掌握2500个以上汉语词汇以及一般性汉语语法内容的学习者学习。共14课,涉及以口语特殊格式、具有篇章功能的特殊词汇为主的丙级与丁级语法和词汇以及基本的汉语语篇框架;涉及生活、学习、工作、社会文化等方面内容的较复杂的交际项目。

5. 高级篇

   适合具有较好的听说能力、掌握3500个以上汉语词汇,在语言表达的流利程度、得体性、复杂程度等方面具有初步水平的学习者学习。共20课,涉及大纲中丁级语法项目和社会文化、专业工作等内容的复杂交际项目,注重训练学习者综合表达自己的态度见解和分析评判事情的能力。

《汉语口语速成》系列课本适合以6周及6周以下为教学周期的各等级短期班的教学使用,同时也可以作为一般进修教学的口语技能课教材和自学教材使用。

编者　1999 年 5 月

目 录 Contents

语法术语表
Grammar terminology

名词	名	noun
动词	动	verb
助动词	助动	auxiliary verb
形容词	形	adjective
代词	代	pronoun
数词	数	numeral
量词	量	measure word
数量词	数量	numeral-measure compound
副词	副	adverb
连词	连	conjunction
介词	介	preposition
助词	助	particle
叹词	叹	interjection
词头	头	prefix
词尾	尾	suffix

他正在等他爱人呢

生词 New words

1.	家	量	jiā	(a measure word for shops, stores, etc.)
2.	正在	副	zhèngzài	in process of
3.	减价		jiǎn jià	to reduce the prices
4.	顾客	名	gùkè	customer
5.	少	形	shǎo	few; little
6.	有的	代	yǒude	some
7.	挑	动	tiāo	to choose
8.	排队		pái duì	to queue
9.	交	动	jiāo	to pay
10.	咦	叹	yí	hey
11.	先生	名	xiānsheng	sir
12.	找	动	zhǎo	to look for
13.	刚才	名	gāngcái	just now
14.	打(电话)	动	dǎ (diànhuà)	to make(a call)
15.	招聘	动	zhāopìn	to advertise for (new employees)
16.	打算	动、名	dǎsuan	to plan; plan
17.	应聘	动	yìngpìn	to accept an offer of employment
18.	外边	名	wàibian	outside
19.	下(雨)	动	xià(yǔ)	to rain
20.	雨	名	yǔ	rain
21.	一边……		yìbiān……	while
	一边……		yìbiān……	

22.	聊天儿		liáo tiānr	to chat
23.	大家	代	dàjiā	all; everybody
24.	明年	名	míngnián	next year
25.	可能	助动	kěnéng	maybe
26.	旅行	动	lǚxíng	to travel
27.	回答	动	huídá	to answer
28.	猜	动	cāi	to guess
29.	擦*	动	cā	to wipe
30.	黑板*	名	hēibǎn	blackboard
31.	音乐*	名	yīnyuè	music
32.	歌*	名	gē	song
33.	信*	名	xìn	letter
34.	邮票*	名	yóupiào	stamp
35.	寄*	动	jì	to post

专名 Proper names

安娜	Ānnà	Anna

说明：加 * 的生词出现在练习中。

Note：The word with an asterisk appears in Exercises

课文 Text

1　Zhè jiā shāngdiàn de dōngxi zhèngzài dà jiǎnjià, shāngdiàn li
这 家 商店 的 东西 正在 大 减价，商店 里

gùkè zhēn bù shǎo, yǒude zhèngzài tiāo dōngxi, yǒude zhèngzài pái duì
顾客 真 不 少，有的 正在 挑 东西，有的 正在 排队

jiāo qián. Yí, zhè wèi xiānsheng zài zuò shénme ne? Tā zhèngzài děng
交 钱。咦，这 位 先生 在 做 什么 呢？他 正在 等

tā de àiren ne.
他 的 爱人 呢。

2

Xiǎoyǔ zuìjìn hěn máng, tā zhèngzài zhǎo gōngzuò. Gāngcái wǒ qù
小雨 最近 很 忙，他 正在 找 工作。 刚才 我 去

tā nàr de shíhou, tā zhèngzài gěi yì jiā gōngsī dǎ diànhuà. Tīng
他 那儿 的 时候，[1] 他 正在 给 一家 公司 打 电话。 听

shuō zhè jiā gōngsī zhèngzài zhāopìn zhíyuán, tā dǎsuan qù yìngpìn.
说 这 家 公司 正在 招聘 职员，他 打算 去 应聘。

3

Wàibian zhèngzài xià yǔ, Lìli
外边 正在 下 雨，莉莉

gēn péngyoumen zài fángjiān li yìbiān
跟 朋友们 在 房间 里 一边

hē kāfēi yìbiān liáo tiānr. Lìli
喝 咖啡 一边 聊天儿。 莉莉

wèn dàjiā: "Míngnián de zhè ge shíhou, nǐmen kěnéng zài zuò shénme
问 大家："明年 的 这 个 时候，你们 可能 在 做 什么

ne?" Xiǎoyè shuō: "Wǒ kěnéng zhèngzài gēn nánpéngyou yìqǐ lǚxíng."
呢?"小叶 说:"我 可能 正在 跟 男朋友 一起 旅行。"

Zhíměi shuō: "Wǒ kěnéng zhèngzài xiǎng nǐmen." Ānnà de huídá hěn yǒu
直美 说:"我 可能 正在 想 你们。"安娜 的 回答 很 有

yìsi. Nǐ cāicai, tā shuō de shì shénme?
意思。你 猜猜,她 说 的 是 什么?

注释 Notes

[1] 刚才我去他那儿的时候

指示代词"这儿"、"那儿"可以与人称代词或不表示处所的名词结合起来表示处所。"……这儿"表示近指,"……那儿"表示远指。

The demonstrative pronouns "这儿" and "那儿" can be combined with personal pronoun or noun of non-place reference to refer to place. "…这儿" refers to a nearer place while "…那儿" to a more distant one.

语法 *Grammar*

> 正……呢
> 有的……有的……
> 一边……一边……

1 动作的进行 The progressive aspect of an action

表示动作处在进行的阶段,可在动词前加副词"正在"、"正"、"在"或在句尾加"呢"来表示。"正在"、"正"、"在"可以和"呢"同时使用。例如:

In order to show that an action is in progress, place either one of the adverbs "正在", "正" and "在" before the verb or "呢" at the end of the sentence. "正在", "正" or "在" are very often used together with "呢" to express the progressive aspect, e. g.

1. 他正在等他的爱人呢。

2. 外面正下大雨呢。

3. 小雨在给朋友打电话呢。

4. 他睡觉呢。

否定形式是在动词前加"没有"。例如：

The negative form of the progressive aspect is to put "没有" before the verb, e. g.

5. 莉莉正在看电视吗？

——莉莉没有看电视，她在给朋友打电话呢。

（——没有，她在给朋友打电话呢。）

动作的进行可以发生在现在，也可以发生在过去和将来。例如：

An action in progress may take place either in the present or in the past or future，e. g.

6. 昨天我去小雨家的时候，他正在听音乐呢。

7. 明年的这个时候，你们在做什么呢？

练习　Exercises

看图进行替换练习　Do substitution drills according to the pictures

1　例：

A：她正在做什么呢？

B：她正在擦*黑板*呢。

①

听、音乐*

②

看、电视

③

唱、歌*

2 例：

刚才我去她宿舍的时候，她正在学习呢。

①

去教室、下雨

②

打电话、写信*

③

到、等

3 例：

她最近在找工作呢。

①

减价

②

招聘

③

学

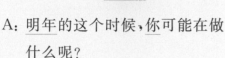 例：

A：明年的这个时候，你可能在做
什么呢？

B：我可能在旅行呢。

---

2 **有的……，有的……** The construction "有的…有的…"

代词"有的"作定语时，常指它所修饰的名词的一部分，可以单用，也可以两三个连用。例如：

When the pronoun "有的" functions as an attribute, it often means one part of the noun it modifies. It can go by itself or be used two or three times successively, e. g.

1. 商店里顾客很多，有的正在挑东西，有的正在排队交钱。
2. 我们班的同学有的喜欢吃辣的，有的喜欢吃甜的。

练习 Exercises

看图用"有的……，有的……"完成句子 Complete the sentences according to the pictures using "有的…，有的…"

①

这个鞋店很大，_____。

②

下课以后，_____。

③

这是小雨买的苹果，
_____。

④

邮局里有不少人，_____。
（寄*、邮票*）

3　一边……一边…… The construction "一边…一边…"

用在动词前，表示两个动作同时进行。例如：

It is used before two verbs to express that actions take place at the same time，e. g.

1. 莉莉跟朋友们在房间里一边喝咖啡一边聊天。
2. 彼得一边听音乐，一边吃饭。

练习 Exercises

用"一边……一边……"对下面各图进行描述 Give a description to each picture

综合练习 Comprehensive Exercises

1 根据所给材料组织会话 Make dialogues according to the given information

1

莉莉的男朋友现在在巴黎（Bālí，Paris），他在大学学习，明年毕业（bì yè，to graduate）。莉莉打算明年的这个时候，跟男朋友一起来中国旅行。

听说学校附近的一家商店正在大减价，小叶想跟莉莉一起去看看。莉莉告诉小叶，外边正在下雨。

会话情景 Situation：

　　小叶给莉莉打电话的时候，莉莉正在给她男朋友写信呢。

会话角色 Roles：

　　小叶和莉莉

2

> 　　小雨、保罗和英男最近都很忙。小雨正在找工作；保罗的爱人和孩子下（xià, next）星期来北京，保罗正在找房子；英男正在谈恋爱（tán liàn'ài, to talk love），他的女朋友（nǚpéngyou, girl friend）也在北京学汉语。

会话情景　Situation：

　　小雨去一家公司应聘，在学校门口遇见英男，他正在等他的女朋友。

会话角色　Roles：

　　小雨和英男

2 看图说话　Give a talk according to the pictures

1　德国公司　……是……

2　语言大学　……正在……

3

有的……有的……

4

一边……一边……

5

明年的这个时候，……

提示语　Cue words：

保罗是德国一家汽车公司的职员……

2

提示语　Cue words：

现在是休息时间（shíjiān，time），有的……

3 **听后复述**　Listen to the recording, then retell what you hear

生词　New words

钥匙	（名）	yàoshi	key
结婚		jié hūn	to marry
亲爱	（形）	qīn'ài	dear; beloved
刮	（动）	guā	shave
胡子	（名）	húzi	beard

17

刚才你去哪儿了

生词 New words

1.	逛	动	guàng	to ramble
2.	裙子	名	qúnzi	skirt
3.	顶	量	dǐng	(a measure word for hats)
4.	帽子	名	màozi	hat
5.	嗬	叹	hē	ah
6.	这么	代	zhème	so
7.	陪	动	péi	to accompany
8.	风景	名	fēngjǐng	scenery
9.	特别	副	tèbié	especially
10.	美	形	měi	beautiful
11.	烤鸭	名	kǎoyā	roast duck
12.	只	量	zhī	(a measure word for animals)
13.	病	动、名	bìng	to be ill; disease, illness

14.	抽（时间）	动	chōu(shíjiān)	to find（time to do）
15.	时间	名	shíjiān	time
16.	看	动	kàn	to call on，to visit，to see
17.	已经	副	yǐjing	already
18.	以前*	名	yǐqián	before
19.	上*	名	shàng	last
20.	洗*	动	xǐ	to wash
21.	衣服*	名	yīfu	clothes
22.	枝*	量	zhī	(a measure word for flowers with stems intact)
23.	洗澡*		xǐ zǎo	to take a shower
24.	玩儿*	动	wánr	to play

专名　Proper names

1.	全聚德	Quánjùdé	(name of a restaurant famous for its roast duck)
2.	上海	Shànghǎi	(name of a Chinese city)

课文　Text

1

Xiǎoyè:　Gāngcái nǐ qù nǎr le?
小叶：　刚才 你 去 哪儿 了？

Lìli:　Wǒ gēn Zhíměi guàng shāngdiàn qù le.
莉莉：　我 跟 直美 逛 商店 去 了。

Xiǎoyè:　Nǐ mǎi dōngxi le ma?
小叶：　你 买 东西 了 吗？

Lìli:　Wǒ méi mǎi dōngxi, Zhíměi mǎi le.
莉莉：　我 没 买 东西，直美 买 了。

Xiǎoyè：　Tā mǎile shénme dōngxi?
小叶：　她 买了 什么 东西？

Lìli：　Tā mǎile sān jiàn chènyī, liǎng tiáo qúnzi, hái yǒu yì
莉莉：　她买了 三 件 衬衣， 两 条 裙子，还 有 一

dǐng màozi.
顶 帽子。

Xiǎoyè：　Hē, mǎile zhème duō!
小叶：　嗬，买了 这么 多！

2

Xiǎoyè：　Zhōumò nǐ zuò shénme le?
小叶：　周末 你 做 什么 了？

Lìli：　Wǒ péngyou lái Běijīng le, zhōumò wǒ péi tā qù Cháng-
莉莉：　我 朋 友来 北京 了，周末 我 陪他去 长

chéng le.
城 了。

Xiǎoyè：　Nǐmen qù Yíhéyuán le méiyǒu? Wǒ juéde Yíhéyuán de
小叶：　你们 去 颐和园 了 没有？我 觉得 颐和园 的

fēngjǐng tèbié měi.
风景 特别 美。

Lìlì：　Hái méi qù ne. Wǒmen dǎsuan hòutiān qù.
莉莉：　还 没去 呢。我们 打算 后天去。

Xiǎoyè: Nǐ qǐng tā chī Běijīng kǎoyā le ma?
小叶：你 请 他 吃 北京 烤鸭 了 吗？

Lìli: Nà hái yòng shuō.[1] Zuótiān wǒmen zài "Quánjùdé" chīle
莉莉：那 还 用 说。[1] 昨天 我们 在 "全聚德" 吃了

yí dà zhī kǎoyā.
一 大 只 烤鸭。

3

Yīngnán: Tīng shuō Xiǎoyǔ bìng le.[2] Zánmen chōu shíjiān qù
英男：听 说 小雨 病 了。[2] 咱们 抽 时间 去

kànkan tā ba.
看看 他 吧。

Bǎoluó: Hǎo, shénme shíhou qù?
保罗：好，什么 时候 去？

Yīngnán: Míngtiān méiyǒu kè, chīle zǎofàn jiù qù ba.
英男：明天 没有 课，吃了 早饭 就 去 吧。

Bǎoluó: Nǐ yǐjing gàosu Xiǎoyǔ le ma?
保罗：你 已经 告诉 小雨 了 吗？

Yīngnán: Hái méi ne, wǒ xiàle kè jiù gěi tā dǎ diànhuà.
英男：还 没 呢，我 下了 课 就 给 他 打 电话。

注释 Notes

[1] 那还用说。

"那还用说"在口语中用作答句，表示肯定，与"当然了"意思一样。

"那还用说" is used as an answer denoting an affirmative form. It has the same meaning as "当然了".

[2] 听说小雨病了。

这里的语气助词"了"表示变化。

The modal particle "了" here indicates that the situation has changed.

语法 Grammar

> 了
>
> ……了……就……

1 动态助词"了"　Aspect particle "了"

加在动词之后表示动作所处的阶段的助词叫动态助词。动态助词"了"加在动词后边,表示动作的完成。例如:

The particle placed after a verb and expressing the period during which the action takes place is called an aspect particle. The aspect particle "了" placed after a verb denotes that the action is accomplished, e. g.

1. 她买了三件衬衣、两条裙子,还有一顶帽子。
2. 昨天我们在"全聚德"吃了一大只烤鸭。

否定式是在动词前加上"没(有)",去掉"了"。例如:

The negative form of the sentences of this type is to add "没(有)" before the verb and to omit "了", e. g.

3. 我没买东西,直美买了。

如果一个动作必然会发生或一定会发生,但是现在还未发生,可以用"还没(有)……呢"。例如:

If an action will certainly happen, but now it has not happened yet, one can use "还没(有)…呢", e. g.

4. 小叶：你们去颐和园了没有？

　　莉莉：还没去呢。

5. 保罗：你已经告诉小雨了吗？

　　英男：还没呢，我下了课就给他打电话。

正反疑问句形式如下：

The form of affirmative-negative question is：

6. 安娜来了没有？

7. 昨天的作业你做了没有？

注意　Notes

　　A：动作的完成只表示动作所处的阶段，与动作发生的时间（过去、现在、将来）无关。

The accomplishment of the action just expresses the period of the action，and has nothing to do with the time when the action happens（past，present or future）.

　　B：发生在过去的动作，如果是经常性的或者不需着重说明动作已经完成时，动词后不加"了"。例如：

As for the actions taking place in the past，if they have happened often or if there is no need to emphasize that they have happened in the past，one doesn't add "了" after the verb, e. g.

1. 以前*他常常来我家玩儿。

2. 去年八月我在北京学习汉语。

　　C：带"了"的动词如果后边有宾语，这个宾语一般要带数量词或其他定语才可构成完整的句子。例如：

If the verbs followed by "了" have objects，there is usually numerals or other attributives in the objects，e. g.

3. 我买了一本书。

4. 我又认识了几个新朋友。

如果宾语为简单宾语，"了"常放句末。例如：

If the objects are simple ones，"了" is often placed at the end. e. g.

5. 上星期你去哪儿了？

6. 我朋友来北京了，周末我陪他去长城了。

练 习　Exercises

看图完成会话　Complete the dialogues according to the pictures

1

A：直美买什么了？

B：＿＿＿＿＿＿＿。

A：她买了几斤西红柿？

B：＿＿＿＿＿＿＿。

2

A：＿＿＿＿＿＿＿＿？

B：莉莉刚才洗*衣服*了。

A：＿＿＿＿＿＿＿＿？

B：她洗了三件衣服。

3

A：英男买花了没有？

B：＿＿＿＿＿＿＿＿＿。

A：＿＿＿＿＿＿＿＿＿。

B：他买了一枝*。

4

A：＿＿＿＿＿＿＿＿？

B：她们已经点菜了。

A：她们点了几个菜？

B：＿＿＿＿＿＿＿。

2 "……了……就……" 格式 The construction "…了…就…"

"……了……就……" 格式表示两个动作连续发生,第二个动作紧接着第一个动作。例如:

The construction "…了…就…" indicates that two actions take place one after another, e. g.

1. 我下了课就给他打电话。
2. 明天我吃了早饭就去找你。

练习 Exercises

用 "……了……就……" 格式完成句子 Complete the sentences using the construction "…了…就…"

1. 我到了北京＿＿＿＿＿＿＿＿＿＿＿＿＿。

2. 我洗了澡* ＿＿＿＿＿＿＿＿＿＿＿＿。

3. ＿＿＿＿＿＿＿＿＿＿＿＿就出发。

4. ＿＿＿＿＿＿＿＿＿＿就去吃饭。

综合练习 *Comprehensive Exercises*

1 根据所给材料组织会话 Make a dialogue according to the given information

1

英男的日记

2004 年 8 月 1 日   星期日

　　今天我跟朋友们一起去卡拉 OK 厅了。我唱了三四支韩国歌,还唱了一支中国歌。听说北京饭店(fàndiàn,hotel)旁边新开(kāi,open)了一家卡拉 OK 厅,我们打算下星期去那儿玩儿*玩儿。

2

保罗的日记

2004 年 8 月 1 日　　　　　　　　　　星期日

　　今天我们一家人去颐和园玩儿了。颐和园的风景美极了！参观完了颐和园我们就去吃午饭了。爱莉斯（Àilìsī，保罗的女儿）觉得饺子很好吃，她吃了十多个。然后我们还逛了两个商店，珍妮（Zhēnnī，保罗的爱人）买了很多东西。买了东西我们就回饭店了。我们累极了。

会话情景 Situation：

　　英男和保罗星期一在教室谈话。

会话题目 Topic：

　　周末你做什么了？

2 **看图说话** Give a talk according to the pictures

直美的星期天

早晨

上午

中午

下午

5 晚上

6 ……了……就……

3 听一听，找一找，说一说　Listen, find and speak

生词　New words			
开	（动）	kāi	to hold（a meeting）
晚会	（名）	wǎnhuì	evening party
市场	（名）	shìchǎng	market；bazaar
蛋糕	（名）	dàngāo	cake

1 问题 Question：

直美和莉莉买了什么东西？

2 复述 Retell what you hear

秋天了

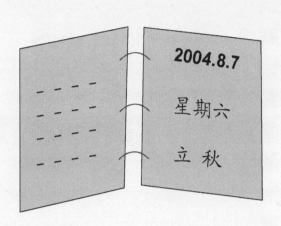

18

2004.8.7

星期六

立 秋

生 词　**New words**

1. 秋天	名	qiūtiān	autumn
2. 天气	名	tiānqì	weather
3. 山	名	shān	hill; mount
4. 树叶	名	shùyè	leaf
5. 巧	形	qiǎo	opportunely; coincidentally
6. 阴	形	yīn	overcast
7. 能	助动	néng	can
8. 睡觉		shuì jiào	to sleep
9. 懒	形	lǎn	lazy
10. 睡懒觉		shuì lǎnjiào	to get up late
11. 瘦	形	shòu	thin
12. 看上去		kàn shangqu	it looks...
13. 更	副	gèng	more

14. 下	名	xià	next
15. 回	动	huí	to return; to call back
16. 亲戚	名	qīnqi	relative
17. 冬天 *	名	dōngtiān	winter
18. 冷 *	形	lěng	cold
19. 春天 *	名	chūntiān	spring
20. 暖和 *	形	nuǎnhuo	warm
21. 夏天 *	名	xiàtiān	summer
22. 晴 *	形	qíng	sunny
23. 刮 *	动	guā	(of wind) to blow
24. 风 *	名	fēng	wind
25. 导游 *	名	dǎoyóu	tour guide
26. 胖 *	形	pàng	fat
27. 饱 *	形	bǎo	full(of eating)
28. 开 *	动	kāi	to bloom
29. 考试 *	动、名	kǎoshì	to exam; examination
30. 结婚 *		jié hūn	to marry
31. 关 *	动	guān	to close; to shut
32. 门 *	名	mén	door
33. 分钟 *	名	fēnzhōng	minute
34. 开 *	动	kāi	(of a train, bus, ship, etc.)to leave; to start
35. 幼儿园 *	名	yòu'éryuán	kindergarten
36. 小学 *	名	xiǎoxué	primary school

专名 Proper names

| 香山 | Xiāngshān | (name of a hill in Beijing) |

课文　Text

1

Qiūtiān le, tiānqì liáng le, shān shang de shùyè dōu hóng le.
秋天 了，天气 凉 了，山 上 的 树叶 都 红 了。

Xīméng tāmen dǎsuan jīntiān qù Xiāngshān kàn hóng yè, kěshì zhēn bù
西蒙 他们 打算 今天 去 香山 看 红 叶，可是 真 不

qiǎo, tiān yīn le, yào xià yǔ le.
巧，天 阴 了，要 下 雨 了。

2

Xiǎoyǔ xiànzài shì zhíyuán le, gōngzuò hěn máng, wánr de shíjiān
小雨 现在 是 职员 了，工作 很 忙，玩儿 的 时间

shǎo le, yě bù néng shuì lǎnjiào le. Qián jǐ tiān tā bìng le, xiànzài yǐjing
少 了，也 不 能 睡 懒觉 了。前 几 天 他 病 了，现在 已经

hǎo le. Zuìjìn tā yǒudiǎnr shòu le, búguò kàn shangqu gèng shuài le.
好 了。最近 他 有点儿 瘦 了，不过 看 上去 更 帅 了。

3

Xiànzài shíyī diǎn wǔshí le, yào xià kè le. Xià kè yǐhòu, Xīméng
现在 十一 点 五十 了，要 下 课 了。下 课 以后，西蒙

dǎsuan xiān qù shítáng chī fàn, ránhòu qù shāngdiàn. Tā xià xīngqī jiù yào
打算 先 去 食堂 吃 饭，然后 去 商店。 他 下 星期 就 要

huí guó le, tā yào gěi jiā li rén hé qīnqi péngyou mǎi diǎnr lǐwù.
回 国 了，他 要 给 家 里 人 和 亲戚 朋友 买 点儿 礼物。

语法 *Grammar*

了

要……了

能　可以

1 语气助词"了" Modal particle "了"

语气助词"了"用在句末表示情况的变化或新情况的出现。例如：

The modal particle "了" can express that the situation has changed or that a new situation has appeared，e. g.

1. 秋天了，天气凉了。
2. 现在他的病已经好了。
3. 现在十一点五十了，要下课了。
4. 今年我二十一岁了。

练习 Exercises

看图进行替换练习 Do substitution drills according to the pictures

1 例：

秋天了，天气凉了。

1

冬天*、冷*

2

春天*、暖和*

3

夏天*、热

2 例：

天阴了。

1

晴*

2

下雨

3

刮*风*

3 例：

7点了，该起床了。

1

2

3

4 例：

小雨现在是职员了。

1

小元、医生

2

小红、老师

3

小冬、导游*

4

小夏、记者

5 例：

她胖*了。

第 18 课

他、饱*

花、开*

衣服、便宜

咖啡、凉

2 "要……了"格式　The construction "要…了"

表示一个情况很快就要变化或新情况很快就要发生。例如：

This construction indicates that a situation is about to change or a new situation is about to occur, e. g.

　　1. 要下课了。　　　　　　2. 我要回国了。

"要"的前边还可以加上"就"或"快"，表示时间紧迫。"快要……了"还常常省略为"快……了"。例如：

When preceded by "就" or "快" as an adverbial adjunct, "要" shows imminence. "快要…了" is often reduced to "快…了", e. g.

　　3. 他就要回国了。　　　　4. 快上课了。

"就要……了"前面可以加时间名词充任的状语，"快要……了"不能。例如：

Before "就要…了", one can add a noun denoting time as an adverbial adjunct, but one can't add it before "快要…了", e.g.

5. 他下星期就要回国了。

练习 Exercises

用"要……了"、"就要……了"、"快要……了"改说句子 Change the sentences using "要…了", "就要…了" or "快要…了"

例：我们下星期考试*。──→我们要考试了。

1. 现在 7:55, 8:00 上课。

2. 小雨的姐姐下个月结婚*。

3. 现在 4:00, 银行 4:30 关"门"。

4. 保罗的爱人和孩子大后天回国。

5. 火车两分钟*以后开*。

3 能愿动词(2) Modal Verbs(2)

1 "能"和"可以"

A：表示具有某种能力或可能性。例如：

They are both used to indicate ability to do something or probability, e.g.

1. 你能吃辣的吗？
2. 你去商店的时候，能帮我买瓶矿泉水吗？
3. 他不会说汉语没关系，我可以跟他说英语。

B：表示客观上的允许。例如：

They are also used to express permission depending on circumstances, e. g.

> 4. 病人正在休息，你们不能进去。

> 5. 这件衣服我可以试试吗？

注意：除了在表示禁止时能用"不可以"以外，"能"和"可以"的否定形式一般都是"不能"。

Note："不可以" usually expresses prohibition. "不能"，the negative form of both "能" and "可以"，indicates inability to do something.

练 习 Exercises

用"不可以"或"不能"回答问题   Answer questions using "不可以" or "不能"

1

A：今天下午你可以陪我
　　去逛商店吗？

B：今天下午我有事，_____
　　　　　　_____。

2

A：现在汽车可以往
　　前走吗？

B：_____。

3

A：妈妈，我可以不去上课吗？

B：_____。

综合练习 **Comprehensive Exercises**

1 看图说话 Have a talk according to the pictures

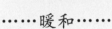 春天了

······暖和······ ······开······ ······绿······

2 我妹妹工作了

······是······ ······忙······

······少······ ······不能······

2 根据所给材料组织会话 Make dialogues according to the given information

> 上星期小雨病了,现在快好了,下星期就能上班(shàng bān, to go to work)了。英男和保罗最近也很忙,他们后天考试,现在正在复习(fùxí, to review)。

会话情景 Situation：

英男和保罗今天去看小雨。

会话角色 Roles：

英男、保罗和小雨

会话题目 Topic：

你的病好点了吗?

3 听一听,说一说 Listen and speak

幼儿园*

小学*

19

你游泳游得怎么样

生词 **New words**

1.	会	助动	huì	can
2.	游泳	动	yóuyǒng	to swim
3.	得	助	de	(a particle used after verbs to show possibicity)
4.	能	助动	néng	can
5.	羡慕	动	xiànmù	to admire
6.	旱鸭子	名	hànyāzi	non-swimmer
7.	运动	名	yùndòng	sports, exercises
8.	爱	动	ài	to like
9.	踢	动	tī	to play (football), to kick
10.	足球	名	zúqiú	football

11. 球星	名	qiúxīng	(football，basketball，etc.）star
12. 棒	形	bàng	excellent
13. 队	名	duì	team
14. 比赛	名	bǐsài	match
15. 女	形	nǚ	female
16. 女朋友		nǚ péngyou	girlfriend
17. 音乐会	名	yīnyuèhuì	concert
18. 得	助动	děi	should
19. 赢	动	yíng	to win
20. 估计	动	gūjì	to estimate
21. 一定	副	yídìng	surely
22. 输	动	shū	to lose
23. 早*	形	zǎo	early
24. 晚*	形	wǎn	late
25. 打（球）*	动	dǎ(qiú)	to play
26. 网球*	名	wǎngqiú	tennis
27. 篮球*	名	lánqiú	basketball
28. 做	动	zuò	to cook
29. 打字*		dǎ zì	to type
30. 场*	量	chǎng	(a measure word for matches)
31. 吸烟（抽烟）*		xī yān (chōu yān)	to smoke

专名 Proper names

1. 罗纳尔多	Luónà'ěrduō	Ronaldo，a famous Brazilian football player
2. 巴西	Bāxī	Brazil

课文 Text

1

Zhíměi: Nǐ huì yóuyǒng ma?
直美： 你 会 游泳 吗？

Xiǎoyè: Wǒ huì yóuyǒng.
小叶： 我 会 游泳。

Zhíměi: Nǐ yóuyǒng yóu de zěnmeyàng?
直美： 你 游泳 游 得 怎么样？

Xiǎoyè: Wǒ yóu de búcuò, néng yóu bābǎi mǐ ne.
小叶： 我 游 得 不错， 能 游 八百 米 呢。[1]

Zhíměi: Wǒ zhēn xiànmù nǐ, wǒ shì ge hànyāzi.
直美： 我 真 羡慕 你，我 是 个 旱鸭子。

2

Xiǎoyǔ: Nǐ xǐhuan shénme yùndòng?
小雨： 你 喜欢 什么 运动？

Bǎoluó: Wǒ ài tī zúqiú. Nǐ huì bu huì tī zúqiú?
保罗： 我 爱 踢 足球。你 会 不 会 踢 足球？

Xiǎoyǔ: Huì yìdiǎnr, búguò tī de bù zěnmeyàng.
小雨： 会 一点儿，不过 踢 得 不 怎么样。[2]

Bǎoluó: Nǐ zuì xǐhuan nǎ ge qiúxīng?
保罗： 你 最 喜欢 哪个 球星？

Xiǎoyǔ: Luónà'ěrduō, tā qiú tī de zhēn bàng.
小雨： 罗纳尔多，他 球 踢 得 真 棒。

Bǎoluó: Jīnwǎn diànshì li yǒu Bāxīduì gēn Déguóduì de zúqiú
保罗： 今晚 电视 里 有 巴西队 跟 德国队 的 足球

bǐsài. Nǐ xiǎng bu xiǎng kàn?
比赛。你 想 不 想 看？

Xiǎoyǔ: Wǒ nǚpéngyou yào qù tīng yīnyuèhuì, wǒ děi péi tā.
小雨：我 女朋友 要去 听 音乐会，我 得 陪 她。

Bǎoluó: Nǐ cāi nǎ ge duì huì yíng?
保罗：你 猜 哪 个 队 会 赢?

Xiǎoyǔ: Wǒ gūjì Bāxīduì huì yíng.
小雨：我 估计 巴西队 会 赢。

Bǎoluó: Zhè shì zài Déguó tī, wǒ xiǎng Déguóduì yídìng bú
保罗：这 是 在 德国 踢，我 想 德国队 一定 不

huì shū.
会 输。

注 释　Notes

[1] 能游八百米呢。

"呢"在这里用来指明事实，并略带夸张、自豪的语气。

"呢" here indicates the fact and conveys a sense of exaggeration and pride.

[2] 踢得不怎么样。

"不怎么样"表示评价，意思相当于"不好"。

"不怎么样"expresses an evaluation, it has the same meaning as "不好".

语 法　*Grammar*

踢 得 好!
会 得

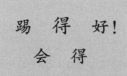

1 程度补语 Complement of degree

　　动词或形容词后边的补充说明成分叫补语。说明动作达到的程度或动作的情态的，叫做程度补语。简单的程度补语一般用形容词充当，程度补语与动词之间用结构助词"得"来连接。例如：

A verb or an adjective can take after it another word to explain further or complete its meaning, which is known as a complement. Complements that indicate the degree or extent of the quality or character of the action denoted by the verb, or of the state denoted by the adjective, are called complements of degree. Simple complements of degree are usually made of adjectives and the structural particle "得" is used to connect the verb and its complement of degree, e. g.

1. —— 你游泳游得怎么样？
   —— 我游得不错。
2. 他球踢得棒极了。

　　否定形式是在程度补语前加上"不"。例如：

The negative form of a sentence with a verbal predicate containing a complement of degree is made by adding a "不" before the complement, e. g.

3. 我足球踢得不太好。

　　正反疑问式是并列补语的肯定和否定形式。例如：

The affirmative-negative form of such a sentence is obtained by juxtaposing the affirmative of the complement and the negative form of it, e. g.

4. 莉莉唱得好不好？

　　动词后既有宾语又有程度补语时，必须在宾语后重复动词。例如：

If the verb is followed by both the object and the complement of degree, the verb has to be repeated after the object, e. g.

5. 我唱歌唱得不错。

　　如果要突出宾语或宾语比较复杂，可以把宾语放在动词或主语之前。例如：

If one wants to emphasize the object or if the object is complex, one can place the object before the verb or the subject, e. g.

6. 西蒙汉语说得不错,汉字写得不太好。

7. 昨天的作业你们做得怎么样?

练习 Exercises

看图用程度补语完成句子 Complete the sentences with complement of degree according to the pictures

例:

踢球　好

保罗踢球踢得很好。

1

打篮球、棒

5 号＿＿＿＿＿＿＿＿＿。

2

睡、早*/晚*

爷爷＿＿＿＿＿＿＿＿＿。

小雨＿＿＿＿＿＿＿＿＿。

3

4

玩儿、高兴

骑、好

孩子们＿＿＿＿＿＿。

他＿＿＿＿＿＿。

2 能愿动词(3) Modal verbs(3)

1 会

A：表示通过学习掌握一种技能。例如：

It denotes skill acquired or mastered as a result of study，e. g.

　　1. 我会游泳。　　　　2. 他会说一点儿汉语。

B：表示可能性。例如：

It indicates possibilities，e. g.

　　3. 我估计巴西队会赢。　　4. 今天不会下雨吧？

练习 Exercises

1 用所给词语做替换练习,并根据实际情况回答 Do substitution drills with the given words，then answer questions according to the actual situation

　　A：你会说汉语吗？

　　B：会一点儿。

游泳、踢足球、打＊网球＊、打篮球＊、做＊菜、骑车、打字＊

2 看图用"会"或者"能"完成会话 Complete the dialogues according to the pictures using "会" or "能"

1

A：英男会说汉语吗？

B：_____。

A：现在他能用汉语跟中
国人聊天儿吗？

B：_____。

2

500米

A：她会不会游泳？

B：_____。

A：她能游多少米？

B：_____。

3

A：一号会不会打字？

B：_____。

A：她一分钟能打多少字？

B：_____。

4

A：这位先生会抽烟*吗？

B：_____。

A：在电影院里能不能抽烟？

B：_____。

5

A：你会游泳吗？

B：＿＿＿＿＿＿＿＿＿。

A：这儿可以游泳吗？

B：＿＿＿＿＿＿＿＿＿。

3 看图回答问题　Answer questions according to the pictures

1

A：今天会下雨吗？

B：＿＿＿＿＿＿＿＿＿。

2

A：这件礼物，你女儿会不会喜欢？

B：＿＿＿＿＿＿＿＿＿。

3

A：你估计这场*比赛哪
　　个队会赢？

B：＿＿＿＿＿＿＿＿＿。

4

A：以后，我们还会见面吗？

B：＿＿＿＿＿＿＿＿＿。

2 得(děi)

表示客观上的必要。否定式为"不用"。例如：

It denotes necessity depending on circumstances. The negative form is "不用", e. g.

1. 我女朋友要去听音乐会,我得陪她。

2. ——西蒙病了,今天不能来上课,我得告诉老师一下。

——不用了,我已经告诉老师了。

练习 Exercises

用"得(děi)"完成句子 Complete the sentences with "得"

1. 要考试了,_____。

2. 外边下雨了,_____。

3. 这孩子病了,_____。

4. 那儿离这儿比较远,_____。

综合练习 Comprehensive Exercises

1 会话 Dialogue

会话题目 Topic：

你喜欢什么运动?

2 看图说话 Give a talk according to the pictures

我真羡慕他们

①

英男会……   V 得……

要……

一定会……

②

莉莉会……

要……

V得……

3 听后判断正误并复述　Judge whether the statements below are true or false after listening, then retell what you hear

生词　New word			
练习　（动）		liànxí	to practise

问题　Question：

1. 我以前不会游泳。　　　　　　　　　　　　（　　）

2. 从下星期开始，我朋友教我游泳。　　　　（　　）

3. 我觉得游泳太累，没有意思。　　　　　　　（　　）

4. 现在我还不会游泳。　　　　　　　　　　　（　　）

5. 昨天，我跟我的游泳老师比赛了，我赢了。　（　　）

20

明天我就要回国了

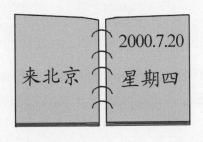

1.	过	动	guò	to pass
2.	虽然	连	suīrán	though
3.	紧张	形	jǐnzhāng	intense
4.	但是	连	dànshì	but
5.	愉快	形	yúkuài	happy
6.	小时	名	xiǎoshí	hour
7.	送	动	sòng	to see sb. off
8.	才	副	cái	(used before a verb to indicate that something has just happened or it is raher late by general standards)
9.	半天	名	bàntiān	a long time
10.	因为	连	yīnwèi	because
11.	堵车		dǔ chē	traffic jam
12.	所以	连	suǒyǐ	so;therefore
13.	好	副	hǎo	very

14.	一会儿	名	yíhuìr	a while
15.	准备	动、名	zhǔnbèi	to plan；preparation
16.	报纸*	名	bàozhǐ	newspaper
17.	话*	名	huà	word
18.	流利*	形	liúlì	fluent
19.	安静*	形	ānjìng	quiet
20.	邻居*	名	línjū	neighbor

专名 Proper names

巴黎		Bālí	Paris

课文 Text

1

Bǎoluó:　Shíjiān guò de zhēn kuài, wǒmen lái Zhōngguó yǐjing yí ge
保罗：　时间 过 得 真 快，我们 来 中国 已经 一 个

duō yuè le.
多 月 了。

Xīméng:　Shì a, míngtiān wǒ jiù yào huí guó le.
西蒙：　是 啊，明天 我 就 要 回 国 了。

Bǎoluó:　Nǐ juéde zài zhèr guò de zěnmeyàng?
保罗：　你 觉得 在 这儿 过 得 怎么样？

Xīméng:　Suīrán xuéxí hěn jǐnzhāng, dànshì wǒ guò de tǐng ·yúkuài.
西蒙：　虽然 学习 很 紧张，但是 我 过 得 挺 愉快。

Bǎoluó:　Cóng Běijīng dào Bālí děi zuò duō cháng shíjiān de fēijī?
保罗：　从 北京 到 巴黎 得 坐 多 长 时间 的 飞机？

Xīméng:　Shíjiān bú tài cháng, zuò shíjǐ ge xiǎoshí jiù dào le.
西蒙：　时间 不 太 长，坐 十几 个 小时 就 到 了。

Bǎoluó: Míngtiān wǒmen qù sòng nǐ.
保罗： 明天 我们 去 送 你。

2

Bǎoluó: Nǐ zěnme xiànzài cái lái? Wǒmen děngle nǐ bàntiān le.
保罗： 你 怎么 现在 才 来？ 我们 等 了 你 半天 了。

Xiǎoyǔ: Yīnwèi lù shang dǔ chē le, suǒyǐ qìchē kāile wǔshí
小雨： 因为 路 上 堵 车 了， 所以 汽车 开了 五十

fēnzhōng cái dào.
分钟 才 到。

Bǎoluó: Nǐ yīnggāi zǎo diǎnr chūfā.
保罗： 你 应该 早 点儿 出发。

Xiǎoyǔ: Wǒ qī diǎn jiù chūfā le, děng chē děngle hǎo cháng shíjiān.
小雨： 我 七 点 就 出发 了， 等 车 等 了 好 长 时间。

Bǎoluó: Nǐ xiān xiūxi yíhuìr.
保罗： 你 先 休息 一会儿。

Xiǎoyǔ: Búyòng le, zánmen kuài zǒu ba.
小雨： 不用 了， 咱们 快 走 吧。

3 （在出租车里）

sījī: Nǐmen xuéle duō cháng shíjiān Hànyǔ le?
司机： 你们 学了 多长 时间 汉语 了？

Xīméng: Wǒmen xuéle yí ge duō yuè le.
西蒙： 我们 学了 一个 多 月 了。

sījī: Nǐmen shuō de zhēn búcuò.
司机： 你们 说 得 真 不错。

Xīméng: Nǎ li nǎli, hái chà de yuǎn ne.
西蒙： 哪里 哪里， 还 差 得 远 呢。[1]

司机：Nǐ men hái zhǔnbèi xué duō cháng shíjiān?
你们 还 准备 学 多 长 时间？

Xīméng：Wǒ jīntiān jiù huí guó，tāmen hái yào zài xué liǎng ge xīngqī.
西蒙：我 今天 就 回国，他们 还 要 再 学 两 个 星期。

注释 Notes

[1] 哪里哪里，还差得远呢。

"哪里哪里"在此表示客气，常用于回答别人对自己的夸奖。

"还差得远呢"也是表示谦虚的用语，当别人对自己某方面的能力表示赞扬时，常常这样回答。

"哪里哪里" here expresses courtesy after hearing a complimentary remark.

"还差得远呢" is also often used to express modesty when people praise your skill in one domain.

语法 *Grammar*

> 多长时间？
>
> 才　　　　就
>
> 虽然……，但是……
>
> 因为……，所以……

1 时量补语 The time-measure complement

时量补语用来说明一个动作或一种状态持续多长时间。例如：

A time-measure complement is used to show the duration of an action or a state, e. g.

1. 时间过得真快，我们来中国已经一个多月了。

2. ——从北京到巴黎得坐多长时间的飞机？

　　——时间不太长，坐十几个小时就到了。

如果动词后有宾语，一般要重复动词，时量补语放在重复的动词后边。例如：

If the verb is followed by an object, it is generally repeated, and followed at its second appearance by a time-measure complement, e. g.

　　3. 我七点就出来了，等车等了好长时间。

　　4. 每天西蒙吃早饭吃十分钟。

如果宾语不是人称代词，时量补语可以放在动词和宾语之间。例如例 3、4 可以说成：

If the object is a non-personal pronoun, the time-measure complement can also be put between the verb and its object. For example, sentences 3 and 4 can be rewritten as follow：

　　5. 我七点就出来了，等了好长时间的汽车。

　　6. 每天西蒙吃十分钟的早饭。

如果一个动词表示的动作是不能持续的，则时量补语表示从动作发生到某时（或说话时）的一段时间。例如：

If an action is not a continuous one, the time-measure complement indicates a period of time from the occurrence of this action to the time of speaking, e. g.

　　7. 我来北京一个多月了。

　　8. 现在是十二点半，同学们已经下课半个小时了。

带时量补语的句子，如果动词带动态助词"了"，句尾还有语气助词"了"，表示这个动作仍在继续进行。例如：

If there is an aspect particle "了" behind the verb and a modal particle "了"at the end of the sentence with a time-measure complement, the action is still in progress.

　　9. 我们学了一个月了。

练 习 Exercises

看图进行替换练习 Do substitution drills according to the pictures

1 例：

睡

A：他睡了多长时间？

B：他睡了8个小时。

①

等

②

骑

3

6 月 20 日　　　　　　　　6 月 25 日

病

2 例：

坐、飞机

A：他坐了多长时间（的）飞机？

B：他坐了一个半小时（的）飞机。

1

看、报纸*

2

上、大学

3

打、电话

例：

聊

她们聊了半天了。

1

1997

2000

当、老师

2

1995

2000

结婚

2 副词"就"与"才"　　The adverbs "就" and "才"

　　"就"一般表示事情发生得早、快或进行得顺利；"才"一般表示事情发生得晚、慢或进行得不顺利。例如：

"就" usually underlines that things happen early or quickly, or that everything goes as one expected. "才" usually underlines that things happen late or slowly, or that there is a problem, e. g.

1. 我七点就出来了。

2. 八点上课，珍妮七点四十就来了，西蒙八点十分才来。

3. 因为路上堵车了，所以汽车开了五十分钟才到。

4. 坐飞机去大同一个小时就能到，坐火车十个小时才能到。

练习 Exercises

1 用"才"或者"就"填空　Fill in the blanks using "就" or "才"

1. 他 5 岁 ＿＿＿＿＿＿ 上小学了，我 8 岁 ＿＿＿＿＿＿ 上小学。

2. 小雨 9 点半 ＿＿＿＿＿＿ 起床，爷爷 5 点 ＿＿＿＿＿＿ 起床了。

3. 我妹妹 23 岁 ＿＿＿＿＿＿ 结婚了，我哥哥 35 岁 ＿＿＿＿＿＿ 结婚。

2 在"才"或者"就"前边填上数字　Fill in the blanks before "就" or "才" with proper numerals

1. 昨天晚上，我 ＿＿＿＿＿＿ 点就睡觉了，我同屋 ＿＿＿＿＿＿ 点才睡。

2. 他骑自行车骑了 ＿＿＿＿＿＿ 分钟就到了，我坐了 ＿＿＿＿＿＿ 分钟汽车才到。

3. 大哥的女儿 ＿＿＿＿＿＿ 岁就会说话* 了，二哥的女儿 ＿＿＿＿＿＿ 岁才会说话。

3 虽然……但是…… The construction "虽然…但是…"

　　"虽然……但是……"表示转折的关系。"虽然"可以放在第一个分句主语前或后，"但是"必须放在第二个分句的最前边。例如：

　　"虽然…但是…", meaning "although...", is used to link two contradictory statements. "虽然" may go either before or after the subject of the first clause, while "但是" is always placed at the beginning of the second clause, e. g.

　　　1. 虽然学习很紧张，但是我过得很愉快。

　　　2. 我虽然会游泳，但是游得不怎么样。

练习 Exercises

完成句子 Complete the sentences with the words in the brackets

1. ＿＿＿＿＿＿＿＿＿＿＿＿＿＿＿＿＿＿＿＿，但是说得不太流利*。（虽然）

2. 虽然这个房间有空调，＿＿＿＿＿＿＿＿＿＿＿＿＿＿＿。（但是）

3. 图书馆里 ＿＿＿＿＿＿＿＿＿＿＿＿＿＿＿＿，但是非常安静*。（虽然）

4. 虽然他们是邻居*，_____。（但是）

4 "因为……所以……" The construction "因为…所以…"

"因为……，所以……"表示因果关系。"因为"分句表示原因，"所以"分句表示结果。有时候也可以省去这两个连词中任何一个。例如：

In a "因为…所以…" sentence, the "因为" clause indicates the reason, and the "所以" clause indicates the result. Sometimes one of the two conjunctions may be omitted, e. g.

1. 因为路上堵车了，所以汽车开了五十分钟才到。

2. 外边下雨了，所以我们不去商店了。

3. 因为身体不好，这几天他正在家里休息。

练 习 Exercises

完成句子 Complete the sentences with the words in the brackets

1. 因为他学习特别努力，_____。（所以）

2. 因为他最近身体不太好，_____。（所以）

3. _____，所以他不能睡懒觉了。（因为）

4. _____，所以顾客特别多。（因为）

综合练习 **Comprehensive Exercises**

1 根据所给材料组织会话 Make dialogues according to the given information

1

> 　　A 小姐是中国学生，她从去年（qùnián，last year）
> 开始（kāishǐ，to begin）学英语（Yīngyǔ，English），现在她
> 说得挺不错。她还要再学两年。她觉得学英语虽然
> 不太容易（róngyì，easy），但是很有意思。
>
> 　　B 小姐是美国学生，她学了两年汉语了，她说得
> 特别流利。她就要回国了。

会话情景　Situation：

　　A 小姐和 B 小姐在一个晚会（wǎnhuì，evening party）上认识了。

会话角色　Roles：

　　A 小姐和 B 小姐。

会话题目　Topic：

　　你学汉语学了多长时间了？

2

> 　　A 小姐和 B 先生打算一起看电影，电影8:00开
> 始，他们应该7:30在电影院门口见面，可是 B 先生
> 差五分八点才到。A 小姐很生气（shēngqì，angry）。

会话角色　Roles：

　　A 小姐和 B 先生

会话题目　Topic：

　　你怎么现在才到？

2 看图说话 Give a talk according to the pictures

提示语 Cue words：

王老师和他爱人结婚……年了，……

3 听后选择正确答案 Listen to the recording and choose correct answers

1. 小雨工作_____。

   A. 半年了　　　　　　B. 半个多月了　　　　C. 快半个月了

2. 他一天工作_____。

   A. 8 个小时　　　　　B. 7 个小时　　　　　C. 9 个小时

3. 他每周工作_____。

   A. 2 天　　　　　　　B. 3 天　　　　　　　C. 5 天

4. 他每天_____去公司。

   A. 骑自行车　　　　　B. 坐公共汽车　　　　C. 坐出租汽车

5. 从他家到公司_____就到了。

   A. 坐车 15 分钟

   B. 走路 15 分钟

   C. 骑车 15 分钟

6. 工作的时候,小雨觉得_____。

   A. 太紧张了,没有意思

   B. 不紧张,很舒服

   C. 紧张,不过很愉快

7. 现在小雨不能_____。

   A. 睡觉了　　　　　　B. 睡懒觉了　　　　　C. 起床了

8. 他每天_____就得起床了。

   A. 8 点多　　　　　　B. 9 点　　　　　　　C. 6 点

你去过香山吗

21

生词 **New words**

1. 过	助	guo	(a particle indicating the completion of an action)
2. 自己	代	zìjǐ	oneself
3. 行	形	xíng	capable; competent
4. 次	量	cì	(a measure word) times
5. 第	头	dì	(prefix for ordinal numbers)
6. 除了……以外		chúle…yǐwài	besides
7. 些	量	xiē	some
8. 有名	形	yǒumíng	famous
9. 风味	名	fēngwèi	local flavor
10. 小吃	名	xiǎochī	snack
11. 差不多	副	chàbuduō	almost
12. 真	形	zhēn	real
13. 盘	量	pán	(a measure word for tapes)

14. 磁带	名	cídài	tape
15. 好听	形	hǎotīng	pleasant to hear
16. 可	副	kě	very
17. 遍	量	biàn	(a measure word) times
18. 简单	形	jiǎndān	simple; (used in the negative) ordinary
19. 从来	副	cónglái	always; at all times
20. 英语*	名	Yīngyǔ	English
21. 假*	形	jiǎ	fake; sham
22. 去年*	名	qùnián	last year
23. 毕业*		bì yè	to graduate
24. 出差*		chū chāi	to be on a business trip
25. 封*	量	fēng	(a measure word for letters)
26. 乒乓球*	名	pīngpāngqiú	table tennis
27. 排球*	名	páiqiú	volleyball

专名 Proper names

1. 田中	Tiánzhōng	(surname of a Japanese person)
2. 大连*	Dàlián	(name of a Chinese city)
3. 美国*	Měiguó	U. S. A

课文 Text

1

直美：Nǐ qùguo Xiāngshān ma?
你 去 过 香 山 吗？

田中：Qùguo.
Tiánzhōng: 去 过。

直美：Nǐ shì shénme shíhou qù de?
Zhíměi: 你 是 什 么 时 候 去 的？

汉语口语速成

Tiánzhōng: Wǒ shì shàng ge yuè qù de.
田中： 我 是 上 个 月 去 的。

Zhíměi: Nǐ gēn shuí yìqǐ qù de?
直美： 你 跟 谁 一起 去 的？

Tiánzhōng: Wǒ zìjǐ qù de.
田中： 我 自己 去 的。

Zhíměi: Nǐ shì zuò chūzūchē qù de ba?
直美： 你 是 坐 出租车 去 的 吧？

Tiánzhōng: Wǒ bú shì zuò chē qù de, wǒ shì qí chē qù de.
田中： 我 不 是 坐 车 去 的， 我 是 骑 车 去 的。

Zhíměi: Shì ma? Nǐ zhēn xíng.
直美： 是 吗？[1] 你 真 行。

2

Tiánzhōng: Lái Běijīng yǐhòu, nǐ chīguo kǎoyā méiyǒu?
田中： 来 北京 以后，你 吃过 烤鸭 没有？

Bǎoluó: Chīguo liǎng cì.
保罗： 吃过 两 次。

Tiánzhōng: Nǐ zài nǎr chī de?
田中： 你 在 哪儿 吃 的？

Bǎoluó: Dì-yī cì shì zài Quánjùdé chī de, dì-èr cì shì zài
保罗： 第一 次 是 在 全聚德 吃 的，第二 次 是 在

xuéxiào fùjìn de fàguǎn chī de.
学校 附近 的 饭馆 吃 的。

Tiánzhōng: Chúle kǎoyā yǐwài, nǐ hái chīguo nǎ xiē hǎochī de
田中： 除了 烤鸭 以外，你 还 吃过 哪些 好吃 的

dōngxi?
东西？

保罗: Bǎoluó: Běijīng yǒumíng de fēngwèi cài hé xiǎochī wǒ chàbuduō dōu
保罗: 北京 有名 的 风味 菜 和 小吃 我 差不多 都

chīguo.
吃过。

田中: Tiánzhōng: Zhēn de ma? Wǒ zhēn xiànmù nǐ.
田中: 真 的 吗?[1] 我 真 羡慕 你。

3

英男: Yīngnán: Nǐ tīngguo zhè pán cídài ma?
英男: 你 听过 这 盘 磁带 吗?

保罗: Bǎoluó: Méi tīngguo. Hǎotīng bu hǎotīng?
保罗: 没 听过。 好听 不 好听?

英男: Yīngnán: Kě hǎotīng le, wǒ tīngguo hǎo duō biàn, lǐbian de gē
英男: 可 好听 了,[2] 我 听过 好 多 遍, 里边 的 歌

wǒ chàbuduō dōu huì chàng le.
我 差不多 都 会 唱 了。

保罗: Bǎoluó: Nǐ zhēn bù jiǎndān, wǒ hái cónglái méi xuéguo Hànyǔ
保罗: 你 真 不 简单,[3] 我 还 从来 没 学过 汉语

gē ne.
歌 呢。

注释 Notes

[1] 是吗? 真的吗?

"是吗?"、"真的吗?"表示对某事原来不知道,觉得有点儿意外或不太相信。

"是吗?" and "真的吗?" are used to express that you didn't know something before and now you discover it. You feel surprised and find it hard to believe.

[2] 可好听了

"可……了"用来强调程度高。

"可…了" is used to emphasize that degree is high.

[3] 你真不简单

"简单"在表示"平凡"之意时,多用于否定式。

When "简单" means "ordinary", the sentence is usually made negative.

语 法 *Grammar*

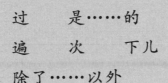

过　　　是……的
遍　　次　　下儿
除了……以外

1 动态助词"过" The aspect particle "过"

动态助词"过"表示某种动作曾在过去发生,重点说明有过这种经历。例如:

The aspect particle "过" denotes that some action took place in the past. It is used to emphasize experience, e. g.

　　1. 来北京以后,我去过香山和颐和园。
　　2. 北京有名的风味菜和小吃我差不多都吃过。

否定式用"没(有)……过"表示。例如:

The negative form of "过" is "没(有)…过", e. g.

　　3. 我还从来没学过汉语歌呢。
　　4. 来中国以前,我没学过汉语。

正反疑问句的形式是"……过没有"。例如:

The affirmative-negative question with "过" is "…过没有", e. g.

5. 来北京以后,你吃过烤鸭没有?

6. 你见过保罗的女朋友没有?

练 习 Exercises

根据实际情况回答问题 *Answer the questions according to the actual situation*

1. 来中国以前,你学过汉语吗?

2. 来北京以后,你坐过公共汽车吗?

3. 你学过英语*没有?

4. 你参加过足球比赛没有?

5. 你去过上海没有?

6. 你说过假*话没有?

2 "是……的" The construction "是…的"

　　"是……的"句强调说明已经发生的动作的时间、地点、方式等。"是"放在要强调说明的部分前边,"的"放在句尾。例如:

"是…的" is used in a sentence to emphasize the time，place or manner of an action which took place in the past. "是" is placed before the word group that is emphasized and "的" always comes at the end of the sentence，e. g.

　　1. 我是上个月去的。

　　2. 第一次是在全聚德吃的,第二次是在学校附近的饭馆吃的。

　　3. 我不是坐车去的,我是骑车去的。

　　如果动词后有宾语,宾语又是名词,"的"也可以放在宾语前。例如:

If the verb has an object constituted by a noun，"的" may be placed before the object，e. g.

　　4. 我是上个月去的香山。

　　5. 我和我朋友是在全聚德吃的烤鸭。

练习 Exercises

看图进行替换练习 Do substitution drills according to the pictures

1 例：A：来北京以后，你吃过日本菜没有？

B：吃过。

A：你是在哪儿吃的？

B：我是在一家日本饭馆吃的。

① 买、衣服

② 看、中国电影

2 例：A：昨天你去哪儿了？

B：我去颐和园了。

A：你是跟谁一起去的？

B：我是跟我女朋友一起去的。

A：你们是怎么去的？

B：我们骑自行车去的。

① 去、大同

② 去、大连*

3 例：A：你弟弟结婚了没有？

B：他已经结婚了。

A：他是什么时候结婚的？

B：他是去年*结婚的。

1

妹妹、大学毕业*

2

西蒙、回国

4 例：A：你去过上海吗？

B：去过。

A：你是去旅行的吗？

B：不是，我是去出差*的。

1

韩国、工作

2

美国*、学习

3 动量补语 The action-measure complement

动量词和数词结合，可以放在动词后边作动量补语，表示动作的次数。常用的有"遍"、"次"、"下"。例如：

The action-measure word often goes with a numeral which is used after the verb as an action-measure complement, to show the frequency of an action, e. g.

1. 我们吃过两次烤鸭。
2. 那盘磁带我听过好多遍。

"次"和"遍"的用法一样，但"遍"强调一个动作从开始到结束的整个过程。

"次" and "遍" can be used in the same way, but "遍" emphasizes the whole process of an action from beginning to end.

动词的宾语如果是名词，动量补语放在宾语之前；宾语如果是代词，动量补语一般放在宾语之后。例如：

When the object is constituted by a noun, the action-measure complement should be placed before the object. When it is constituted by a pronoun, the complement often comes after the object，e. g.

3. 今天我找了你三次。
4. 我去过三次香山。

"一下儿"也是动量补语，除了表示动作的次数外，也可以表示动作经历的时间短，并带有轻松随便的意味。例如：

Apart from showing explicit frequency of an action, the complement "一下儿" is also used to indicate an action done in a casual way or lasting for only a little while, e. g.

5. 请你介绍一下儿你的情况,好吗?
6. 一共一百五,请数一下儿。

练习 Exercises

用"遍"或"次"填空 Fill in the blanks using "遍" or "次"

1. 我去过三四＿＿＿＿＿＿＿＿颐和园。

2. 工作以后，小雨只睡过一＿＿＿＿＿＿＿懒觉。

3. 这本书我看过两＿＿＿＿＿＿＿。

4. 这盘磁带我听过好多＿＿＿＿＿＿＿。

5. 那封*信他已经看了三＿＿＿＿＿＿＿了。

6. 这个星期他给女朋友打过七＿＿＿＿＿＿＿电话。

4 **"除了……以外"** The construction "除了…之外"

A：表示在什么之外，还有别的。后边常有"还""也"等呼应。例如：

It means "in addition to" or "besides", often followed by adverbs such as "还" or "也" etc., e. g.

1. 除了英语以外，我也会说法语和德语。

2. 除了烤鸭以外，你还吃过什么好吃的？

B：表示排除，所说的不包括在内。后边常有"都"等呼应。

It also means "except" and is often followed by adverbs such as "都" etc. , e. g.

3. 除了田中以外，别的同学都来了。

4. 除了西蒙以外，我们都不会说法语。

练习 Exercises

看图用"除了……以外"完成会话 Complete the dialogues according to the pictures using "除了…以外"

1 A：除了香山以外,他还去过哪儿?

B：＿＿＿＿＿＿＿＿＿＿＿＿。

2 A：除了打乒乓球＊以外,他还喜欢什么
运动?

B：＿＿＿＿＿＿＿＿＿＿＿＿。

(排球＊)

3 A：除了书以外,桌子上还有什么?

B：＿＿＿＿＿＿＿＿＿＿＿＿。

4 A：今天同学们都来了吗?

B：＿＿＿＿＿＿＿＿＿＿＿＿。

综合练习　**Comprehensive Exercises**

1 **替换练习** Substitution drills

1 A：我<u>不是</u><u>坐车去的</u>,我<u>是</u><u>骑车去的</u>。

B：是吗? 你真行。

2 A：<u>北京</u>有名的<u>风味菜</u>和<u>小吃</u>我差不多都<u>吃</u>过。

B：真的吗? 我真羡慕你。

3　A：里边的歌我差不多都会唱了。

　　B：你真不简单，我还从来没学过汉语歌呢。

2　根据所给材料，用本课所学词语或句式组织会话或进行介绍　Make a dialogue or introduction according to the given information using the words and construction in this lesson

1

<table>
<tr><td colspan="4" align="center">简历（jiǎnlì，resume）</td></tr>
<tr><td>姓名（xìngmíng，name）</td><td>林歌</td><td>性别（xìngbié，gender）</td><td>女</td></tr>
<tr><td colspan="2">1985. 7～1989. 7
1989. 12～1992. 7
1992. 10～1994. 10
1994. 10
1994. 12～现在</td><td colspan="2">在北京大学学习日语
在北京语言大学教日语
跟爱人一起去日本工作
从日本回国
在"汉星"旅行社（lǚxíngshè，travel agency）当导游</td></tr>
<tr><td colspan="2">特长（tècháng，speciality）：
爱好（àihào，interest）：</td><td colspan="2">会打字、会说英语
唱歌、运动</td></tr>
</table>

1　会话　Dialogue

会话情景　Situation：

　　林歌去一家公司应聘。

会话角色　Roles：

　　林歌和这家公司的经理

2　介绍　Introduction

　　林小姐向经理介绍自己

3

> 保罗 1966 年出生（chūshēng，to be born），1989 年大学毕业。毕业以后，在一家汽车公司当职员。1995 年结婚，1996 年跟爱人一起来中国旅行。他喜欢踢足球，还喜欢喝啤酒、打网球。在大学的时候，他是大学足球队的队员（duìyuán，team member）。

介绍 Introduction

保罗向同学们介绍自己

3 听后回答问题并复述 Listen to the recording, then answer the questions and retell what you hear

生词 New words			
汤姆	（专）	**Tāngmǔ**	Tom
脸	（名）	**liǎn**	face

问题 Questions：

1. 汤姆今天早上吃的是什么？
2. 老师是怎么知道的？
3. 巧克力是今天早上吃的吗？

门开着 22

生词 New words

1.	开	动	kāi	to open; to switch on
2.	着	助	zhe	(indicating an action in progress)
3.	书架	名	shūjià	bookshelf
4.	放	动	fàng	to put
5.	椅子	名	yǐzi	chair
6.	躺	动	tǎng	to lie
7.	地	助	de	(used after an adjective, a noun or a phrase to form an adverbial adjunct before the verb)
8.	超级	形	chāojí	super
9.	市场	名	shìchǎng	market
10.	立	动	lì	to stand
11.	排	量	pái	row

汉语口语速成

12.	货架	名	huòjià	goods shelves
13.	整齐	形	zhěngqí	in good order
14.	摆	动	bǎi	to place; to display
15.	各	代	gè	every; various
16.	挂	动	guà	to hang
17.	牌子	名	páizi	board
18.	勿	副	wù	not (indicating prohibition)
19.	书房	名	shūfáng	study
20.	报	名	bào	newspaper
21.	沙发	名	shāfā	sofa
22.	客厅	名	kètīng	parlor; drawing room
23.	猫	名	māo	cat
24.	窗台	名	chuāngtái	windowsill
25.	趴	动	pa	to lie on one's stomach
26.	窗户*	名	chuānghu	window
27.	站*	动	zhàn	to stand
28.	戴*	动	dài	to wear(hat, glasses, watch, etc.)
29.	穿*	动	chuān	to wear; to put on(clothes)
30.	抱*	动	bào	to hold in the arms
31.	拿*	动	ná	to take
32.	背*	动	bēi	to carry on the back
33.	墙*	名	qiáng	wall
34.	地图*	名	dìtú	map
35.	哭*	动	kū	to cry
36.	生气*	动	shēngqì	to be angry
37.	认真*	形	rènzhēn	conscientious

课文　Text

1

Zhè shì Yīngnán hé Bǎoluó de fángjiān, mén kāizhe, diànshì yě kāizhe.
这 是 英男 和 保罗 的 房间，门 开着，电视 也 开着。

Shū hé cídiǎn zài shūjià shang fàngzhe, Bǎoluó zài yǐzi shang zuòzhe,
书 和 词典 在 书架 上 放着，保罗 在 椅子 上 坐着，

Yīngnán zài chuáng shang tǎngzhe, tāmen zhèngzài jǐnzhāng de kàn diànshì
英男 在 床 上 躺着，他们 正在 紧张 地 看 电视

li de zúqiúsài.
里 的 足球赛。

2

Zhè shì yì jiā chāojí shìchǎng. Piàopiaoliāngliāng de dàtīng li lìzhe
这 是 一家 超级 市场。 漂漂亮亮 的 大厅 里 立着

yì pái yì pái de huòjià, huòjià shang zhěngzhěngqíqí de bǎizhe gè zhǒng
一排一排 的 货架，货架 上 整整齐齐 地 摆着 各 种

chī de hé yòng de dōngxi. Ménkǒu guàzhe yí ge dàdà de páizi, shàngbian
吃 的 和 用 的 东西。门口 挂着 一 个 大大 的 牌子，上边

xiězhe "qǐng wù xī yān".
写着 "请 勿 吸 烟"。

chōu yān - kǒugǔ

3

Zhè shì Xiǎoyǔ de jiā. Shūfáng li hěn ānjìng, bàba zhèngzài shāfā
这 是 小雨 的 家。书房 里 很 安静，爸爸 正在 沙发

shang zuòzhe kàn bào, māma zài kètīng li gēn línjū hēzhe kāfēi
上 坐着 看 报，妈妈 在 客厅 里 跟 邻居 喝着 咖啡

liáo tiānr, Xiǎoyǔ zài zìjǐ de fángjiān li tīngzhe yīnyuè kàn shū. Tāmen
聊 天儿，小雨 在 自己 的 房间 里 听着 音乐 看 书。他们

jiā de xiǎo māo ne? Zài chuāngtái shang pāzhe shuì jiào ne.
家 的 小 猫 呢？在 窗台 上 趴着 睡 觉 呢。

语法　**Grammar**

> 着
> 好好儿　整整齐齐
> 地

1 **动作的持续** The continuous aspect of an action

A：动词后加上动态助词"着"，表示动作或状态的持续。例如：

The aspect particle "着", when occurring after a verb, indicates the continuation of an action, e. g.

1. 门开着，电视机也开着。
2. 英男在床上躺着。
3. 门口挂着一个牌子。

否定形式是"没（有）……着"。例如：

The negative form of this sentence pattern is "没（有）…着", e. g.

4. 保罗没躺着，他坐着呢。

正反疑问句形式是"……着没有"。例如：

In an affirmative-negative interrogative sentence, "…着没有" is used, e. g.

5. 门开着没有？

B：动词带动态助词"着"，也表示动作的方式。例如：

The verb with the aspect particle "着" indicates the manner of an action, e. g.

6. 小猫在窗台上趴着睡觉呢。
7. 妈妈在客厅里跟邻居喝着咖啡聊天儿。

练习 Exercises

看图用"着"完成句子 Complete the sentences according to the pictures using "着"

1 例：

门开着。

①

窗户* _____。

②

台灯_____。

2 例：

老师站*着。

①

学生们_____。

②

爷爷_____。

3 例：

他戴*着帽子。
（戴）

①

她_____。
（穿*）

②

这个人_____。
（戴）

4 例：

她抱*着孩子。
（抱）

① 他＿＿＿＿＿。
（拿*）

② 这个学生＿＿＿＿＿。
（背*）

5 例：

桌子上放着一本
词典。（放）

① 墙*上＿＿＿＿＿。
（挂、地图*）

② 窗台上＿＿＿＿＿。
（摆）

pénr

6 例：

这个孩子哭着说："我的小猫
病了。"（哭*、说）

① 他＿＿＿＿＿。
（走、去）

② 老师_____。
　（坐、休息）

③ 他喜欢_____。
　（趴、看）

2 结构助词"地" The structural particle "地"

双音节形容词作状语修饰动词时，中间有时加结构助词"地"。如果作状语的形容词前又有状语时，"地"一般不能省略。例如：

When a disyllabic adjective modifies a verb adverbially, it is generally followed by a structural particle "地". If the adjective as an adverbial adjunct is preceded by another adjunct, generally the "地" can't be omitted, e.g.

1. 他们正在紧张地看电视里的足球赛。

2. 他非常努力地工作。

形容词重叠后，意思相当于形容词前加上了"很"、"非常"，助词"地"一般也不能省略。例如：

If the adjective is duplicated, it equals to putting "很" or "非常" before the adjective, so "地" can't be omitted either, e.g.

3. 货架上整整齐齐地摆着各种吃的和用的。

练习 Exercises

组词成句 Form sentences with the given words

1. 非常　他　学习　地　努力

2. 她　说　生气*　地

3. 他　汉字　认认真真*　写　地　每天

4. 孩子们　地　高高兴兴　家　回　了

xiǎozimen – boys – North.

3 形容词重叠 Reduplication of adjectives

一部分形容词可以重叠，重叠后一般表示性质、状态的程度加深。单音节形容词重叠，口语中第二个音节常常变为第一声并儿化。双音节形容词重叠的方式是"AABB"式，第二个音节常读轻声。

形容词重叠后作状语，单音节的重叠形式后可加可不加助词"地"，双音节的重叠形式后一般要加助词"地"。形容词重叠后作定语或作谓语，后边要加"的"。例如：

Some adjectives may be reduplicated to indicate a greater degree of the attribute or state. The second syllable of a reduplicated monosyllabic adjective is often pronounced in the first tone, and becomes retroflexed. In the case of disyllabic adjectives, they are reduplicated in the form of AABB, and the second syllable is usually pronounced in the neutral tone.

The adjectives which are reduplicated function as adverbial adjuncts. A reduplicated mono-syllabic adjective is, or not, followed by a "地". But a reduplicated disyllabic adjective must be followed by a "地". When used as attributive modifiers or predicates, reduplicated adjectives are usually followed by a "的", e. g.

1. 每天爷爷都早早儿地起床。
2. 你应该好好儿休息一会儿。
3. 漂漂亮亮的大厅里立着一排一排的货架。
4. 她的头发长长的。

练习 Exercises

用形容词重叠形式改说下面的句子 Change the sentences by repeating the adjectives in them

1. 他拿着一个特别大的杯子。
2. 桌子上放着一本非常厚的书。
3. 他非常认真地回答老师的问题。
4. 今天他很早就起床了。
5. 她的个子很高、头发很长。

综合练习 Comprehensive Exercises

1 看图组织会话 Make a dialogue according to the picture

会话情景　Situation：

妈妈带着亮亮去逛商店，可是亮亮丢（diū，to be lost）了，妈妈请警察帮助她。

会话角色　Roles：

亮亮的妈妈和警察（jǐngchá，policeman）

2 看图说话（注意"着"的用法）　Give a talk paying attention to the usage of "着"

1. 这是我们的教室，……
2. 现在是休息时间，……

3 听后将下列物品的编号填入图中　Listen to the recording and fill in the picture the number of each article

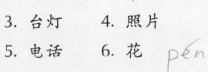

1. 书包　　2. 鞋
3. 台灯　　4. 照片
5. 电话　　6. 花　*pén*

23

你打错了

是图书馆吗？

不是，这里是医院。

生词 **New words**

1.	喂	叹	wèi	hello
2.	错	形	cuò	wrong
3.	对	形	duì	correct；right
4.	一直	副	yìzhí	until (past until now)
5.	呆	动	dāi	to stay
6.	回来		huílai	to come back
7.	取	动	qǔ	to take back；to fetch
8.	一……就……		yī…jiù…	as soon as
9.	完	动	wán	to finish
10.	麻烦	动、形	máfan	to bother；troublesome
11.	转告	动	zhuǎngào	to pass on(word)；to transmit
12.	票	名	piào	ticket
13.	清楚	形	qīngchu	clear

14.	看见	动	kànjiàn	to see
15.	急	形	jí	urgent; pressing
16.	听见	动	tīngjiàn	to hear
17.	叫	动	jiào	to call; to greet
18.	手机	名	shǒujī	mobile phone; cell phone
19.	记	动	jì	to remember; to bear in mind
20.	发	动	fā	to send
21.	短信	名	duǎnxìn	message
22.	作业*	名	zuòyè	homework
23.	修*	动	xiū	to repair
24.	手表*	名	shǒubiǎo	watch
25.	接*	动	jiē	to meet; to catch
26.	停*	动	tíng	to stop
27.	开始*	动	kāishǐ	to start
28.	讲*	动	jiǎng	to explain; to make clear
29.	懂*	动	dǒng	to understand

课文　Text

1

Xiǎoyè:　Wèi, shì liúxuéshēng sùshè ma?
小叶:　喂，是 留学生 宿舍 吗？

yí wèi xiǎojiě:　Nǐ dǎ cuò le.
一位小姐:　你 打 错 了。

＊　　＊　　＊

Xiǎoyè:　Wèi, wǒ zhǎo Lìli.
小叶:　喂，我 找 莉莉。

Lìli:　Wǒ jiù shì, nǐ shì Xiǎoyè ba?
莉莉:　我 就 是，你 是 小叶 吧？

Xiǎoyè:　Cāi duì le. Zuótiān nǐ qù nǎr le? Wǒ zhǎole nǐ
小叶:　　猜 对 了。昨天 你 去 哪儿 了？我 找 了 你

yì tiān yě méi zhǎo dào.
一 天 也 没 找 到。

Lìli:　　Wǒ qù péngyou nàr le, yìzhí dāi dào shí diǎn cái
莉莉:　　我 去 朋友 那儿 了，一直 呆 到 十 点 才

huílai. Nǐ zhǎo wǒ yǒu shénme shìr? ma?
回来。你 找 我 有 什么 事儿？ma?

Xiǎoyè:　Nǐ yào de shū wǒ gěi nǐ zhǔnbèi hǎo le, nǐ shénme
小叶:　　你 要 的 书 我 给 你 准备 好 了，你 什么

shíhou lái qǔ?
时候 来 取？

Lìli:　　Tài hǎo le,　wǒ yì chī wán wǎnfàn jiù qù.
莉莉:　　太 好 了，[1] 我 一 吃 完 晚饭 就 去。

2

Yīngnán:　Qǐng wèn, Tiánzhōng zài ma?
英男:　　请 问，田中 在 吗？

Tóngwū:　Tā bú zài. Nín shì nǎ wèi?
同屋:　　他 不 在。您 是 哪 位？

Yīngnán:　Wǒ shì Lǐ Yīngnán, máfan nín zhuǎngào tā yí jiàn
英男:　　我 是 李 英男，麻烦 您 转告 他 一 件

shìr,　xíng ma?
事儿，[2] 行 吗？

Tóngwū:　Méi wèntí,　nǐ shuō ba.
同屋:　　没 问题，[3] 你 说 吧。

Yīngnán:　Qù Dàtóng de huǒchēpiào mǎi dào le, xīngqīwǔ wǎn
英男:　　去 大同 的 火车票 买 到 了，星期五 晚

shang jiǔ diǎn bàn de.
上 九 点 半 的。

Tóngwū: Duìbuqǐ,   wǒ méi tīng qīngchu, qǐng zài shuō yí biàn,
同屋: 对不起，我 没 听 清楚，请 再 说 一 遍，

hǎo ma?
好 吗？

3

Xiǎoyǔ: Nǐ kànjiàn Bǎoluó le méiyǒu? Wǒ yǒu jí shì yào zhǎo tā.
小雨: 你 看见 保罗 了 没有？我 有 急事 要 找 他。

also chǎo 朗

Yīngnán: Gāngcái wǒ kànjiàn tā wǎng nánmén nàbian zǒu qu le.
英男: 刚才 我 看见 他 往 南门 那边 走 去 了。

Xiǎoyǔ: Nǐ zhīdào tā qù nǎr le ma?
小雨: 你 知道 他 去 哪儿 了 吗？

Yīngnán: Bù zhīdào. Tā méi kànjiàn wǒ, wǒ jiào tā, tā yě
英男: 不 知道。他 没 看见 我，我 叫 他，他 也

méi tīngjiàn.
没 听见。

Xiǎoyǔ: Nǐ jì zhù tā de shǒujī hào le ma? Wǒ děi gěi tā
小雨: 你 记 住 他 的 手机 号 了 吗？我 得 给 他

dǎ ge diànhuà.
打 个 电话。

*   *   *

power off

Xiǎoyǔ: Tā guān jī le.
小雨: 他 关 机 了。   *Nǐ do diàn chī méi diàn.*

Yīngnán: Nà nǐ jiù gěi tā fā ge duǎnxìn. Tā yì kāi jī jiù
英男: 那 你 就 给 他 发 个 短信。他 一 开 机 就

kàn dào le.
看 到 了。   *yí jiù*

注 释 Notes

[1] 太好了。

"太……了"表示程度高。
"太…了" indicates that the degree is high.

[2] 麻烦您转告他一件事儿。

"麻烦您……"是请求别人帮助时的常用句式。
"麻烦您…" is a common way to ask people for some help.

[3] 没问题。

用来回答别人的疑问或请求时,表示可以做到。
It is used to answer people's question or inquiry to express that you can do it.

语法 *Grammar*

买到	记住
一……就……	

1 结果补语 The resultant complement

说明动作结果的补语,叫结果补语。结果补语一般由动词或形容词充任。结果补语跟动词结合紧密,中间不能插入其他成分。例如:

A resultant complement, expressed either by a verb or an adjective, indicates the result of an action. A verb and its resultant complement are closely linked to each other and don't allow the insertion of another element between them, e. g.

1. 你要的书我给你准备好了。

2. 我已经做完饭了。

3. 我看见小雨往南门那边走了。

　　因为有了结果的动作一般总是完成了的，所以带结果补语的句子否定式一般也用"没（有）"。正反疑问句形式是"……没有"。例如：

Generally speaking, a verb followed by a resultant complement indicates that the action is finished. Therefore "没（有）" is used to make this type of structure negative. The form of affirmative-negative question with a resultant complement is "…没有", e. g.

4. ——你看见保罗了没有？

　　——没看见。

5. 对不起，我没听清楚，请再说一遍。

练习 Exercises

看图用所给词造句 Make sentences according to the pictures using the given words

 例：

洗、衣服

干净

衣服洗干净了。

1

擦、黑板

干净

_____。

2

打扫、房间

干净

_____。

2 例：

做、作业*

完

做完作业了。

1

吃、饭

完

_____。

2

卖、苹果

完

_____。

3 例：

打、电话*

错

打错电话了。

1

坐、车

错

_____。

2

拿、书包

错

_____。

4 例：

修*、自行车

好

修好自行车了。

1

做、饭

好

_____。

2

穿、鞋

好

_____。

2 "到"作结果补语 "到" used as a resultant complement

动词"到"作结果补语，常表示动作达到某一点或持续到某一时间。

例如：

When functioning as a resultant complement，"到" indicates the continuation of an action up to a certain point or a certain time, e. g.

1. 我回到家就给你打电话。

2. 我们已经学到二十三课了。

3. 我去朋友那儿了，一直呆到十点才回来。

结果补语"到"还表示动作达到了目的。例如：

The resultant complement "到" also indicates the successful conclusion of an action, e. g.

4. 去大同的火车票买到了。

5. 昨天你去哪儿了？我找了你一天也没找到。

练 习 Exercises

1 用所给词语完成句子 Complete the sentences with the given words

1. 他最近挺忙的，＿＿＿＿＿＿＿＿＿＿。（工作到）

2. 我要在北京＿＿＿＿＿＿＿＿＿＿。（住到）

3. 从你们学校＿＿＿＿＿＿＿＿＿要多长时间？（骑到）

2 看图说话 Have a talk according to the pictures

例：

买　电影票

他买到电影票了。

1

找　手表*

_____。

2

接*　朋友

_____。

3

看　长城

_____。

3　"住"作结果补语　"住" used as a resultant complement

"住"作结果补语常表示通过动作使某事物牢固地停留在一定的位置。例如：

The resultant complement "住" often indicates that something is fixed in a certain position as a result of a previous action, e.g.

1. 你记住他的手机号了吗?

2. 汽车停住了。

练 习 Exercises

看图回答问题 Answer the questions according to the pictures

例:

接*

A：接住了没有?

B：接住了。

1

站

A：她站住了吗?

B：_____。

2

记

A：他记住生词了没有？

B：_____。

3

停 *

A：汽车停住了没有？

B：_____。

---

4 "一……就……" The construction "一…就…"

"一……就……"表示两件事紧接着发生。例如：

"一…就…" is used to connect two things that happen successively, e.g.

1. 我一吃完晚饭就去。

2. 他一说完，大家就都笑了。

有时候前一分句表示条件，后一分句表示结果。例如：

Sometimes the first clause gives the condition, and the second gives the result, e.g.

3. 一到夏天，我们就去游泳。

4. 直美一回答问题就紧张。

练习 Exercises

用"一……就……"格式完成句子 Complete the sentences with the construction "一…就…"

1 例：他一毕业就开始*找工作。

1. 我一下课_____。

2. 我们一考完试_____。

3. _____,就看电视。

2 例:老师一讲*,我就懂*了。

1. 天一晴,_jiu yao duo chuan yifu_

2. 秋天一到,_____。

3. _yu xia yi ting_____,我们就出发。

综合练习 *Comprehensive Exercises*

1 **会话练习** Dialogue exercises

会话题目　Topic:

打电话

提示语　Cue words:

1. 喂,是……吗?

2. 麻烦您转告……一下,好吗?

Homework

2 **将下边的对话改为叙述体** Change the following dialogue into the third

person account

先生：喂，是"新新"商店吗？

小姐：你打错了。

先生：我在电视上看见你们那儿卖的一件皮大衣（pí dàyī，leather overcoat），我想给我爱人买一件……

小姐：先生，你没听见吗？你打错了。

先生：什么？我没听清楚，请您再说一遍，好吗？

小姐：好，请你听清楚：你打错了！

先生：啊？卖完了，真遗憾（yíhàn，what a pity）！

3 听后回答问题 Listen to the recording and answer questions

生词　New words

饭店	（名）	fàndiàn	hotel; restaurant
客人	（名）	kèren	guest
内衣	（名）	nèiyī	underwear
又	（副）	yòu	again
原来	（副）	yuánlái	as a matter of fact; actually
女士	（名）	nǚshì	lady

问题　Questions：

1. 服务员去给客人打扫房间的时候，看见了什么？

2. 他对（duì，to）客人说什么？

3. 客人穿好衣服以后，他又对客人说什么？

4. 刚才，他真看错了吗？

24

她出去了

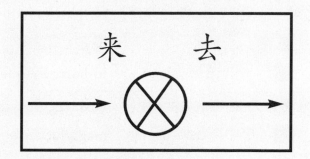

生词 New words

1.	出	动	chū	to go out
2.	妨碍	动	fáng'ài	to hinder; to obstruct
3.	屋	名	wū	room
4.	那么	连	nàme	then
5.	打扰	动	dǎrǎo	to bother
6.	抱歉	形	bàoqiàn	sorry
7.	让	动	ràng	to let
8.	久	形	jiǔ	long
9.	叫	动	jiào	to ask; to let
10.	帮	动	bāng	to help
11.	送	动	sòng	to send
12.	不好意思		bù hǎo yìsi	to feel impolite (to do sth.)
13.	又	副	yòu	again
14.	帮忙		bāng máng	to help
15.	别	副	bié	don't; had better not
16.	上	动	shàng	to go up

sòng cān fúwù (handwritten annotation)

17. 要是	连	yàoshi	if
18. 马上	副	mǎshàng	at once;immediately
19. 下	动	xià	to go down
20. 照相机*	名	zhàoxiàngjī	camera
21. 照相*		zhào xiàng	to take a photo
22. 盒*	量、名	hé	box
23. 借*	动	jiè	to borrow;to lend
24. 小说*	名	xiǎoshuō	novel
25. 杂志*	名	zázhì	magazine
26. 起来*	动	qǐlai	to rise up
27. 跑*	动	pǎo	to run

课文　Text

1 （小叶去直美的宿舍）

Xiǎoyè：Lìli ne?
小叶：莉莉 呢[1]?

Zhíměi：Tā chūqu le. Kěnéng yíhuìr jiù huílai.
直美：她 出去 了。可能 一会儿 就 回来。

Xiǎoyè：Tā dào nǎr qù le?
小叶：她 到 哪儿 去 了?

Zhíměi：Dào shūdiàn qù le. Nǐ jìnlai děng tā ba.
直美：到 书店 去 了。你 进来 等 她 吧。
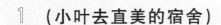

Xiǎoyè：Nǐ zhèngzài xuéxí ba? Bù fáng'ài nǐ ma?
小叶：你 正在 学习 吧? 不 妨碍 你 吗?

Zhíměi：Méi guānxi, kuài jìn wū lái ba.
直美：没 关系，快 进 屋 来 吧。

Xiǎoyè: Nàme dǎrǎo nǐ le.
小叶： 那么 打扰 你 了。

2 （莉莉回来了）

Lìli: Zhēn bàoqiàn, ràng nǐ jiǔ děng le.
莉莉： 真 抱歉，让 你 久 等 了[2]。

Xiǎoyè: Méi shénme. Zhè shì nǐ jiào wǒ bāng nǐ mǎi de shū.
小叶： 没 什么[3]。这 是 你 叫 我 帮 你 买 的 书。

Lìli: Hái máfan nǐ gěi wǒ sòng lai, zhēn bù hǎo yìsi.
莉莉： 还 麻烦 你 给 我 送来，真 不 好 意思[4]。

Xiǎoyè: Nǐ tài kèqi le.
小叶： 你 太 客气 了。

Lìli: Nǐ kàn, wǒ yòu mǎi huílai yìxiē shū hé cídài.
莉莉： 你 看，我 又 买 回来 一些 书 和 磁带。

Xiǎoyè: Zhème duō, nǐ dōu zhǔnbèi jì huí guó qù, shì ma?
小叶： 这么 多，你 都 准备 寄 回 国 去，是 吗[5]？

Lìli: Shì a, wǒ dǎsuan míngtiān jiù jì huíqu.
莉莉： 是 啊，我 打算 明天 就 寄 回去。

Xiǎoyè: Tǐng zhòng de ba? Yào wǒ bāng máng ma?
小叶： 挺 重 的 吧？要 我 帮 忙 吗？

Lìli: Búyòng le.
莉莉： 不用 了。

3

Zhíměi: Duìbuqǐ, dǎrǎo nǐmen yí xiàr.
直美： 对不起，打扰 你们 一 下儿。

Lìli: Bié kèqi, nǐ shuō ba.
莉莉： 别 客气，你 说 吧。

Zhíměi: Wǒ xiànzài děi shàng lóu qù, yàoshi Tiánzhōng lái le, nǐ
直美： 我 现在 得 上 楼 去，要是 田中 来 了，你

jiù ràng tā děng wǒ yí xiàr.
就 让 他 等 我 一 下 儿。

Lìli: Méi wèntí.
莉莉: 没 问题。

Zhíměi: Gàosu tā wǒ mǎshàng jiù xiàlai, duō xiè le.
直美: 告诉 他 我 马上 就 下来, 多 谢 了[6]。

注 释 Notes

[1] 莉莉呢？

"呢"用在名词、代词或数量词后面，在没有上下文时，是问地点的。"莉莉呢？"意思是"莉莉在哪儿？"例如：

Questions with "呢" placed after nouns, pronouns or numeral-measure words are used to ask where somebody or something is when there is no context. "莉莉呢？" means "莉莉在哪儿？" e. g.

他呢？

那两个人呢？

[2] 让你久等了。

向等候较长时间的人表示歉意时的常用语。

It's a common way to apologize for having made people wait for a long time.

[3] 没什么。

意思相当于"没关系"。

It means "It doesn't matter."

[4] 真不好意思。

为给别人添了麻烦而感到抱歉时的常用语。

It is a common way to express one's apology for troubling other people.

[5] 你都准备寄回国去,是吗?

"……,是吗?"或"……,是不是?"常用来表达一种不太有把握的估计,向对方询问。回答的时候如果对方估计得正确,就用"是啊"或"对",否则就用"不"。

The expression "…是吗?" or "…是不是?" is a common way to inquire somebody about an uncertain estimation. As for the answer, if the estimation is correct, one should use "是啊" or "对", otherwise one should use "不".

[6] 多谢了。

"多谢了"是向别人表示感谢时的常用语。
"多谢了" is used to express thanks.

语法 *Grammar*

出来!　　进去!
要是……就
请　叫　让

1 趋向补语 The directional complement

表示动作趋向的补语叫趋向补语。趋向补语有两种,一种是在动词后加"来"或"去",叫简单趋向补语;一种是在动词"上、下、进、出、回、过、起"等后加"来"或"去",再作别的动词的补语,叫复合趋向补语。如果动作是朝着说话人(或所谈事物)进行的,就用"来",如果动作是朝着相反方向进行的,就用"去"。例如:

The complement which shows the direction of a movement is known as "the directional complement". There are two types of directional complements: "来" and "去" are often used after verbs to form "simple directional complements". When followed by the simple directional complement "来" and "去", the verbs "上", "下", "进", "出", "回", "过" or "起" may function as complement. The complements of this type are called "complex directional complements". If the movement proceeds toward the speaker, "来" is used; if the movement is away from the speaker, "去" must be used, e. g.

1. 莉莉出去了，可能一会儿就回来。（说话人在宿舍）

2. 我现在得上楼去。（说话人在下边）

3. 我看见西蒙从外边走进来了。（说话人在里边）

带趋向补语的动词如果有宾语，有两种情况：

When a verb having a simple directional complement is followed by an object，there are two types of sentences：

A：宾语为一般事物，则可以放在"来"或"去"之前，也可以放在"来"或"去"之后。例如：

If the object is expressed by a word other than a noun or phrase of locality，it can be placed before "来" or "去"，or after "来" or "去"，e. g.

4. 你看，我又买回来一些书和磁带。

你看，我又买回一些书和磁带来。

5. 小雨从书包里拿出来一盘磁带。

小雨从书包里拿出一盘磁带来。

B：宾语为表示处所的词或词组，则一定要放在"来"或"去"的前边。例如：

If the object is expressed by a noun or phrase of locality, it should be placed before "来" or "去", e. g.

6. 外边冷，快进屋来吧。

7. 这些东西我打算明天就寄回国去。

练习 Exercises

1 用"来"或"去"填空 Fill in the blanks with "来" or "去"

1. 照相机*你带_____了吧？在这儿照张相*，好吗？

2. 我妈妈给我寄_____一盒*巧克力。

3. 经理在楼下问服务员："303 房间要的报纸，你送_____了吗？"

4. A：你去哪儿了？

   B：我去图书馆了。你看，这是我借*＿＿＿＿＿的小说*和杂志*。

5. 这些书你要拿到哪儿＿＿＿＿＿？

2 看图选用下列词完成句子 Choose proper words from the list to complete the sentences according to the pictures

上来	下来	进来	出来	回来	过来	起来*
上去	下去	进去	出去	回去	过去	

1

快＿＿＿＿＿！

2

山上的风景真美，你们快
＿＿＿＿＿＿＿＿＿＿吧！

3

妈妈，您看，爸爸
＿＿＿＿＿。

4

时间不早了，我该＿＿＿＿＿。

3 看图用所给动词和复合趋向补语完成句子　Complete the sentences according to the pictures with the given words and complex directional complements

1

走

好孩子，＿＿＿＿＿＿。

2

站

老师进来了，学生们＿＿＿＿。

3

拿

我帮您＿＿＿＿＿＿。

4

开

汽车从他旁边＿＿＿＿。

4 连词成句　Form sentences with the given words

1. 小雨　家　回　了　去

2. 他　进　跑*　教室　来

3. 他们　山　走　下　去

2 "要是……，就" The construction "要是…，就…"

"要是"表示假设，后一分句常用副词"就"来承接上文，得出结论。例如：

"要是" is used to express a condition. In the second clause of the sentence，the adverb "就" is used to link what follows as a concluding remark，e. g.

1. 要是田中来了，你就让他等我一下。
2. 要是你身体不舒服，就在宿舍好好儿休息吧。
3. 要是明天天气好，我们就骑自行车去颐和园。

练 习 Exercises

用"要是……就"格式完成句子 Complete the sentences with the construction "要是…，就"

1. 要是明天下大雨，＿＿＿＿＿＿＿＿＿＿＿＿＿。
2. 要是你骑车的技术不太高，＿＿＿＿＿＿＿＿＿＿＿。
3. 我要是有很多钱，＿＿＿＿＿＿＿＿＿＿＿。
4. ＿＿＿＿＿＿＿＿＿＿＿，你就多吃点儿。
5. ＿＿＿＿＿＿＿＿＿＿＿，你就早点儿回去吧。

3 兼语句 Pivotal sentence

有一种动词谓语句，谓语是由两个动词结构构成的，前一个动词的宾语又是后一个动词的主语，这种句子叫兼语句。兼语句的第一个动词常常是"请"、"叫"、"让"一类的带有使令意义的动词。例如：

In Chinese，there is a kind of sentence with a verbal predicate composed of two verbal construction in which the object of the first verb is at the same time the subject of the following verb. In a pivotal sentence the first verb is often such a causative verb such as "请"，"叫"，"让" etc. ，e. g.

1. 我们请老师教我们唱中国歌。
2. 老师让我们预习一下明天的生词。

3. 莉莉叫我给她买些橘子。

"请"、"叫"、"让"都有要求别人做某事的意思,"请"用于比较客气的场合。"请"还有"邀请"的意思。例如:

"请","叫" and "让" have the meaning of asking someone to do something. "请" is much more polite and may also be used to express "to invite", e.g.

4. 我请你吃韩国菜。

练 习 Exercises

看图回答问题 Answer questions according to the pictures

照相

A: 英男请这位先生做什么?

B: ＿＿＿＿＿＿＿＿＿＿＿＿＿。

开门

A: 莉莉请这位小姐做什么?

B: ＿＿＿＿＿＿＿＿＿＿＿＿＿。

打扫

A: 妈妈让小雨做什么?

B: ＿＿＿＿＿＿＿＿＿＿＿＿＿。

逛

A: 小雨的女朋友叫小雨做什么?

B: ＿＿＿＿＿＿＿＿＿＿＿＿＿。

综合练习 **Comprehensive Exercises**

1 替换练习 Substitution drills

1. A：你正在<u>学习</u>吧？<u>不妨碍你</u>吗？

    B：没关系，快<u>进屋来</u>吧。

    A：那么打扰你了。

2. A：真抱歉，<u>让你久等了</u>。

    B：没什么。

3. A：这是你叫我帮你<u>买的书</u>。

    B：还麻烦你给我送来，真不好意思。

    A：你太客气了。

4. A：挺<u>重</u>的吧，要我帮忙吗？

    B：不用了。

5. A：对不起，打扰你们一下儿。

    B：别客气，你说吧。

    A：我现在得<u>上楼去</u>，要是<u>田中来了</u>，你就<u>让他等我一下儿</u>。

    B：没问题。

6. <u>告诉他我马上下来</u>，多谢了。

2 选用下列词语完成句子 Complete the sentences with the words below

| 妨碍 | 打扰 | 抱歉 | 没什么 | 麻烦 |
| 不好意思 | 客气 | 帮忙 | 没问题 | 多谢了 |

1. 真_____，我又来晚了。

2. _____你帮我买一瓶矿泉水，好吗？

3. 我开着录音机，_____你学习吗？

4. 你拿的东西太多了，要我_____吗？

5. A：你能帮我修一下自行车吗？

    B：＿＿＿＿＿＿＿＿＿＿。

6. A：雨下得这么大，你还来接我，真＿＿＿＿＿＿＿＿＿＿。

    B：你太＿＿＿＿＿＿＿＿＿了。

7. 对不起，＿＿＿＿＿＿＿＿你一下儿，这个字怎么念？

8. A：点了这么多菜，能吃完吗？

    B：＿＿＿＿＿＿＿＿＿＿。

9. A：这次你帮了我一个大忙，＿＿＿＿＿＿＿＿＿！

    B：＿＿＿＿＿＿＿＿＿＿。

3 **根据所给材料组织会话** Make a dialogue according to the given information

>   A 的朋友 B 就要回国了，A 帮 B 买了一些北京特产（tèchǎn，special local product）。A 去 B 的宿舍的时候，B 去商店了。B 的同屋 C 正在宿舍一边看书一边等朋友。
>
>   B 从商店买回来很多东西。这些东西她准备寄回去一部分，自己带回去一部分。

会话角色　　Roles：

    A、B、C

4 **看图说话** Give a talk according the pictures with the given words

1 　走

2 　跑

3 　踢

4 　站

生词　New words

运动员	（名）	yùndòngyuán	athlete
体育场	（名）	tǐyùchǎng	sport stadium
观众	（名）	guānzhòng	audience
比	（介）	bǐ	to

提示语　Cue words：

观众朋友们，A 队跟 B 队的足球比赛马上就要开始了，……

5 听后选择正确答案并复述　Listen to the recording, then choose the correct answers and retell what you hear

生词　New words			
吵架		chǎo jià	to quarrel
袋子	（名）	dàizi	bag

问题　Questions：

1. 王先生生气地对爱人说什么？

　　A. 你别带走你的东西，快回来。

　　B. 我要带走我的东西，不回来了。

　　C. 你带走你的东西，别回来了。

2. 王先生的爱人听了王先生的话以后怎么样？

　　A. 哭着跑进房间去了。

　　B. 哭着跑到外边去了。

　　C. 哭着走进房间去了。

3. 过了一会儿，王先生的爱人从房间里拿出来什么？

　　A. 一个小袋子。

　　B. 一个大箱子（xiāngzi，trunk）。

　　C. 一个大袋子。

4. 王先生的爱人让王先生做什么？

　　A. 拿出去这个袋子。

　　B. 放进去他的东西。

　　C. 进袋子里去。

25

他恐怕去不了

生词 New words

1. 空儿	名	kòngr	spare time
2. ……的话	助	…dehuà	(a particle indicating supposition)
3. 对话	名	duìhuà	dialogue
4. 中文	名	Zhōngwén	Chinese language
5. 字幕	名	zìmù	captions; subtitles
6. 大概	形	dàgài	general
7. 意思	名	yìsi	meaning; idea
8. 肯定	形	kěndìng	sure
9. 恐怕	副	kǒngpà	I'm afraid
10. 为什么		wèishénme	why
11. 受伤		shòu shāng	to be injured

12. 俩	数	liǎ	two
13. 座位	名	zuòwèi	seat
14. 邀请	动	yāoqǐng	to invite
15. 郊游	动	jiāoyóu	to go for an outing
16. 约	动	yuē	to appoint
17. 长途	名	chángtú	long-distance
18. 赶	动	gǎn	to catch
19. 约会	名	yuēhuì	appointment
20. 放心		fàng xīn	to feel relieved
21. 耽误	动	dānwu	to miss
22. 脏*	形	zāng	dirty
23. 烫*	形	tàng	boiling hot
24. 忘*	动	wàng	to forget
25. 上（闹钟）*	动	shàng(nàozhōng)	to wind（clock）

课文　Text

1

小雨：Xiǎoyǔ: Jīnwǎn nǐ hé Bǎoluó yǒu kòngr dehuà, wǒ xiǎng qǐng nǐmen
今晚 你 和 保罗 有 空儿 的话，我 想 请 你们

qù kàn diànyǐng.
去 看 电影。

英男：Yīngnán: Wǒ bú tài xiǎng qù, diànyǐng li de duìhuà tài kuài le,
我 不 太 想 去，电影 里 的 对话 太 快 了，

wǒ kěnéng tīng bu dǒng.
我 可能 听 不 懂。

小雨：Xiǎoyǔ: Yǒu Zhōngwén zìmù, dàgài de yìsi nǐ kěndìng kàn de dǒng.
有 中文 字幕，大概 的 意思 你 肯定 看 得 懂。

Xiǎoyǔ: Bǎoluó qù de liǎo qù bu liǎo?
小雨： 保罗 去 得 了 去 不 了？

Yīngnán: Tā kǒngpà qù bu liǎo.
英男： 他 恐怕 去 不 了。

Xiǎoyǔ: Wèi shénme?
小雨： 为 什么？

Yīngnán: Zuótiān tā tī qiú de shíhou shòu shāng le, xiànzài zǒu bu
英男： 昨天 他 踢 球 的 时候 受 伤 了，现在 走 不

liǎo lù le.
了 路 了。

2 （在电影院）

Xiǎoyǔ: Zánmen zuò zhèr ba.
小雨： 咱们 坐 这儿 吧。

Yīngnán: Tài yuǎn le, kǒngpà kàn bu qīngchu zìmù.
英男： 太 远 了，恐怕 看 不 清楚 字幕。

Xiǎoyǔ: Nàme jiù zuò qiánbian ba.
小雨： 那么 就 坐 前边 吧。

Yīngnán: Zuò zhèr búcuò, kàn de qīngchu, yě tīng de qīngchu.
英男： 坐 这儿 不错，看 得 清楚，也 听 得 清楚。

Xiǎoyǔ: Kěshì wǒ qiánbian zhè ge rén tài gāo le, wǒ kàn bu jiàn.
小雨： 可是 我 前边 这 个 人 太 高 了，我 看 不 见。

Yīngnán: Zán liǎ huàn yí xiàr zuòwèi ba.
英男： 咱 俩 换 一 下儿 座位 吧。

3

Tiánzhōng: Zhíměi tāmen yāoqǐng zánmen míngtiān yìqǐ qù jiāoyóu, nǐ
田中： 直美 她们 邀请 咱们 明天 一起 去 郊游，你

qù de liǎo ma?
去 得 了 吗？

Yīngnán: Méi wèntí, wǒ zǎo jiù xiǎng chūqu wánrwánr le.
英男： 没 问题，我 早 就 想 出去 玩儿玩儿 了。

Tiánzhōng: Wǒmen yuē hǎo zǎoshang liù diǎn bàn chūfā.
田中： 我们 约 好 早上 六 点 半 出发。

Yīngnán: Zhème zǎo, zěnmen qǐ de lái ne?
英男： 这么 早，怎么 起 得 来 呢？

Tiánzhōng: Zánmen děi zuò chángtú qìchē, qù wǎn le dehuà jiù gǎn
田中： 咱们 得 坐 长途 汽车，去 晚 了 的话 就 赶

bu shàng le.
不 上 了。

Yīngnán: Nà hǎo ba. Duìle, wǎnshang qī diǎn wǒ hái yǒu ge
英男： 那 好 吧。对 了[1]，晚上 七 点 我 还 有 个

yuēhuì, qī diǎn yǐqián huí de lái huí bu lái?
约会，七 点 以前 回 得 来 回 不 来？

Tiánzhōng: Fàng xīn ba, dānwu bu liǎo nǐ de yuēhuì.
田中： 放 心 吧，耽误 不 了 你 的 约会。

注 释 Notes

[1] 对了

　　口语中，当说话人突然想起别的话题，或对前边说的事情有所补充时，常用"对了"作插入语。

　　In spoken Chinese, when one suddenly thinks of other topics or something that has been mentioned before in the conversation needs more completion, one often inserts "对了".

语法 *Grammar*

> 了（liǎo）
>
> 吃得了　听不懂
>
> 怎么……呢

1 可能补语 The potential complement

在动词和结果补语或趋向补语之间加上结构助词"得"，就构成可能补语，表示可能。否定式是将"得"换成"不"。例如：

A potential complement is formed with the structural particle "得" inserted between a verb and a resultant or directional complement to indicate potentiality. The negative form of the potential complement is formed by replacing "得" with "不", e. g.

1. 坐这儿不错，看得清楚，也听得清楚。
2. 电影里的对话太快了，我可能听不懂。
3. 六点钟太早了，我起不来。

正反疑问式是并列可能补语的肯定形式和否定形式。例如：

The affirmative-negative question with a potential complement is composed by putting the affirmative form of the potential complement before the negative form of it, e. g.

4. 下午四点我还有个约会，四点以前回得来回不来？

动词带宾语时，宾语放在可能补语的后边；如果宾语比较长，则往往放在句子开头。例如：

If a verb has an object, the object is placed after the potential complement. If the object is long and complex, it is normally placed at the beginning of the sentence, e. g.

5. 我看不懂这本书。
6. 有中文字幕，大概的意思你肯定看得懂。
7. 你要的那本书现在买不到。

练习 Exercises

看图用可能补语完成句子 Complete the sentences according to the pictures with the words in the brackets and potential complements

1

门太小了，＿＿＿＿＿＿。（开）

2

老师讲得很清楚，＿＿＿＿＿＿。（听）

3

 68075462 转???

他的电话号码太长了，
＿＿＿＿＿＿。（记）

4

作业太多了，＿＿＿＿＿＿。
（做）

5

这件衣服太脏*了，＿＿＿＿＿＿。（洗）

2 **"了(liǎo)"作可能补语** The potential complement "了"

　　动词"了"很少作结果补语或单独作谓语，但常用作可能补语，表示行为实现的可能性。例如：

The verb "了" is seldom used as a resultant complement or as a predicate by itself. But it is often used as a potential complement indicating the possibility of an action，e. g.

　　1. 保罗去得了去不了？

　　2. 昨天他踢球的时候受伤了，现在走不了路了。

　　3. 放心吧，耽误不了你的约会。

"了"有时还表示"完"的意思。例如：

"了" sometimes has the same meaning as "完"，e. g.

　　4. 这么多酒，你一个人喝得了吗？

　　5. 今天的考试你们用不了两个小时就能做完。

练 习　Exercises

看图用"……得了"或"……不了"完成句子 Complete the sentences according to the pictures using "…得了" or "…不了"

1

这件衣服太瘦了，＿＿＿＿＿＿。

2

咖啡太烫*了，＿＿＿＿＿＿。

3

她带的钱太少了，＿＿＿＿＿＿。

4

A：你别忘*了我们啊。

B：放心吧，＿＿＿＿＿＿。

5

A: 今天会不会下雨,要不
要带伞?

B: 天气这么好,_____。

6

A: 明天早上六点出发,你别
起晚了。

B: 我上*了闹钟,_____。

7

咱们点的菜太多了,_____。

8

嗬!这么多酒,_____?

3 **"怎么(能)……呢"** The construction "怎么(能)…呢"

"怎么(能)……呢"表示反问的语气。例如:

"怎么(能)…呢" is used to form a rhetorical question. The meaning of such a sentence is "不能", e.g.

1. 这么早,我怎么起得来呢?

2. 你是学生,怎么能不做作业呢?

练习 Exercises

用"怎么(能)……呢",把句中划线部分变成反问句 Change the underlined parts into rhetorical question using the construction "怎么(能)…呢"

1. A: 我早上常常起不来。

B: 你每天睡得太晚,早上当然起不来。

2. A：你试试这条裤子。

   B：这么瘦，<u>我肯定穿不了</u>。

3. A：他说什么？ 我听不懂。

   B：他说的是上海话，<u>你当然听不懂</u>。

4. A：你知道他的手机号吗？

   B：他没告诉过我，<u>我不知道</u>。

5. A：你想不想家？

   B：<u>那还用说</u>。

综合练习 Comprehensive Exercises

1 **会话练习** Dialogue exercises

会话题目 Topic：

    1. 要是……的话，我想请你们……

    2. ……邀请我们……，……

2 **看图说话** Give a talk according to the pictures using the given words

①

……受伤……

②

……走不了……

3

······听得懂······

4

一个星期······

······好得了······

5

明天的比赛······

······参加不了······

提示语　Cue words：

　　明天下午，留学生队跟中国学生队有一场足球赛，保罗和同学们练习（liànxí，to practise）的时候，······

3 听后回答问题　Listen to the recording, and then answer the question

生词　New words

病人	（名）	bìngrén	patient
大夫	（名）	dàifu	doctor
看（病）	（动）	kàn（bìng）	to see（a doctor）
药方	（名）	yàofāng	prescription

问题　Question：

　　病人为什么觉得那个大夫不是真的大夫？

西安比北京还热

26

生词 New words

1.	结束	动	jiéshù	to finish
2.	名胜	名	míngshèng	famous scenic spots
3.	古迹	名	gǔjì	historical sites
4.	比	介	bǐ	than
5.	建议	动、名	jiànyì	to suggest; suggestion
6.	还	副	hái	even more
7.	凉快	形	liángkuai	nice and cool
8.	预报	动	yùbào	to forecast
9.	方便	形	fāngbiàn	convenient
10.	最好	副	zuìhǎo	had better
11.	伴儿	名	bànr	companion
12.	互相	副	hùxiāng	each other
13.	帮助	动、名	bāngzhù	to help; help

14. 壮	形	zhuàng	strong
15. 一样	形	yíyàng	same
16. 希望	动、名	xīwàng	to hope; hope
17. 同意	动	tóngyì	to agree
18. 办	动	bàn	to do
19. 国外	名	guówài	abroad
20. 生活	动、名	shēnghuó	to live; life
21. 国内	名	guónèi	domestic
22. 方面	名	fāngmiàn	aspect
23. 确实	副	quèshí	really
24. 对	介	duì	for; with regard to
25. 感兴趣		gǎn xìngqù	to be interested
26. 依我看		yī wǒ kàn	in my opinion
27. 商量	动	shāngliang	to consult; to discuss
28. 河*	名	hé	river
29. 深*	形	shēn	deep
30. 容易*	形	róngyì	easy
31. 千*	数	qiān	thousand
32. 饭店*	名	fàndiàn	hotel; restaurant
33. 船*	名	chuán	ship

专名 Proper names

| 西安 | Xī'ān | (name of a Chinese city) |

课文　Text

1

Yīngnán: Xuéxí jiéshù hòu, wǒ dǎsuan qù lǚxíng. Nín shuō qù Xī'ān
英男：学习 结束 后，我 打算 去 旅行。您 说 去 西安

hǎo, háishi qù Dàtóng hǎo?
好, 还是 去 大同 好?

lǎoshī: Xī'ān de míngshèng gǔjì bǐ Dàtóng duō, wǒ jiànyì nǐ
老师: 西安 的 名胜 古迹 比 大同 多, 我 建议 你

qù Xī'ān kànkan.
去 西安 看看。

Yīngnán: Wǒ tīng shuō Xī'ān bǐ Běijīng hái rè, Dàtóng shì bu shì
英男: 我 听 说 西安 比 北京 还 热, 大同 是 不 是

bǐ Běijīng liángkuai yìdiǎnr?
比 北京 凉快 一点儿?

lǎoshī: Kàn tiānqì yùbào, jīnnián Dàtóng yě bù bǐ Běijīng
老师: 看 天气 预报, 今年 大同 也 不 比 北京

liángkuai.
凉快。

Yīngnán: Xī'ān bǐ Dàtóng yuǎn de duō ba?
英男: 西安 比 大同 远 得 多 吧?

lǎoshī: Shì a. Búguò, qù Xī'ān de chē bǐjiào duō, bǐ qù
老师: 是 啊。 不过, 去 西安 的 车 比较 多, 比 去

Dàtóng gèng fāngbiàn.
大同 更 方便。

Yīngnán: Hǎo, jiù tīng nín de.
英男: 好, 就 听 您 的。

2

lǎoshī: Wǒ kàn, chūqu lǚxíng nǐ zuìhǎo zhǎo ge bànr, kěyǐ hùxiāng
老师: 我 看[1], 出去 旅行 你 最好 找 个 伴儿, 可以 互相

bāngzhù.
帮助。

Yīngnán: Wǒ yě zhème xiǎng, wǒ zhǔnbèi gēn Bǎoluó yìqǐ qù.
英男： 我也这么想，我准备跟保罗一起去。

lǎoshī: Jiù shì nà ge yòu gāo yòu zhuàng de Déguórén ba?
老师： 就是那个又高又壮的德国人吧？

Yīngnán: Tā gēn wǒ yíyàng gāo, dànshì bǐ wǒ zhuàng duō le.
英男： 他跟我一样高，但是比我壮多了。

lǎoshī: Tā yǒu nǐ dà ma?
老师： 他有你大吗？

Yīngnán: Tā méiyǒu wǒ dà.
英男： 他没有我大。

3

lǎoshī: Xué wán yǐhòu nǐ yǒu shénme dǎsuan?
老师： 学完以后你有什么打算？

Yīngnán: Wǒ xīwàng zài Zhōngguó zhǎo ge gōngzuò, kěshì wǒ jiā li
英男： 我希望在中国找个工作，可是我家里

rén bù tóngyì, wǒ bù zhīdào zěnme bàn hǎo.
人不同意，我不知道怎么办好。

lǎoshī: Tāmen shì bu shì juéde zài guówài shēnghuó méiyǒu zài
老师： 他们是不是觉得在国外生活没有在

guónèi fāngbiàn?
国内方便？

Yīngnán: Shì a, yǒuxiē fāngmiàn quèshí méiyǒu guónèi fāngbiàn, dànshì
英男： 是啊，有些方面确实没有国内方便，但是

wǒ duì zài zhèr gōngzuò hěn gǎn xìngqù.
我对在这儿工作很感兴趣。

lǎoshī: Yī wǒ kàn, nǐ háishi gēn jiā li rén zài hǎohāor
老师： 依我看[2]，你还是跟家里人再好好儿

shāngliang shāngliang ba.

商量　商量　吧。

注释 Notes

[1] 就听您的。

"听 + 代词或名词 + 的"表示接受某人的建议。

"听 + a pronoun or noun + 的" means to accept someone's advice.

[2] 我看、依我看

表示按照说话人的看法。

"我看" or "依我看" means " in my opinion".

语法　*Grammar*

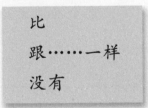

比

跟……一样

没有

1 用"比"表示比较　"比" used to express comparison

介词"比"可以比较两个事物的性质、特点等。其词序是：

A ＋ 比 ＋ B ＋ 差别……。例如：

The preposition "比" may be used to express comparison between two objects. The word order of a sentence of this type is:

A＋比＋B＋difference ……, e. g.

1. 他二十岁，我十九岁。他比我大。

2. 苹果一斤三块五，橘子一斤一块八。苹果比橘子贵。

在形容词谓语句中，用了"比"就不能再用"很"、"太"、"非常"等程度副词。比如不能说"他比我很忙"，"苹果比橘子非常贵"。但可以加表示比较程度的副词"更、还"等。比如可以说"他比我更忙"、"苹果比橘子还贵"。

In an adjective-predicate sentence containing "比"，adverbs of degree like "很"，"太" and "非常" are never used before the predicate adjective. For example，we can't say "他比我很忙" or "苹果比橘子非常贵"。But adverbs of degree such as "更" or "还" may be used. For example，we can say "他比我更忙" or "苹果比橘子还贵"。

在动词谓语句中，如果动词后带程度补语，用"比"的句子可以这样说：

In a verbal-predicate sentence，if the verb has a complement of degree，the sentence containing"比" may be written as：

3. 他汉语说得比我流利。

4. 田中汉字写得比保罗好。

用"比"的比较句的否定形式是"不比"。例如：

The negative form of a sentence containing "比" is to replace "比" with "不比"。

5. 大同不比北京凉快。

6. 这个房间不比那个房间大。

练习 Exercises

1 看图用"比"完成句子 Complete the sentences according to the pictures using "比"

1 例：

这条河*   那条河

那条河比这条河深*。

1.

香山　　　　　　　泰山(Tàishān，Mount Tai)

泰山＿＿＿＿＿＿＿＿＿。

2.

张三(Zhāng Sān)　　　　　　李四(Lǐ Sì)

张三＿＿＿＿＿＿＿＿＿＿＿。

3.

哥哥的成绩　　　　　　妹妹的成绩

哥哥的成绩＿＿＿＿＿＿＿＿＿。

4.

小雨的姐姐 小雨

小雨的姐姐_____。

2 例：

保罗跑得挺快,英男比保罗跑得更快。

(或：保罗跑得挺快,英男比保罗跑得还快。)

1.

爸爸 妈妈

爸爸很忙,_____。

2.

四川菜 　　　　　　　　　　　韩国菜

四川菜很辣，_____。

3.

莉莉的词典 　　　　　　　　　直美的词典

莉莉的词典比较厚，_____。

2 用"不比"或"没有"完成会话　Complete the dialogues with "不比" or "没有"

例：A：看上去他比你高。

　　B：他不比我高。

1. A：我觉得今天比昨天热。

　　B：_____。

2. A：韩国语比汉语容易*吧？

　　B：_____。

3. A：她是不是比你瘦？

　　B：_____。

2 数量补语 The complements of quantity

在用"比"表示比较的句子，如果要表示两事物的具体差别，可以在表差别的词语后加上数量短语作补语。也可以用"一点儿"、"一些"等表示差别很小，用"得多"、"多了"说明差别很大。例如：

In an adjective-predicate sentence of comparison with "比", the specific differences between two things or people can be expressed by placing after the predicate a numeral-measure phrase as a complement. The words "一点儿" and "一些" are used to indicate that the difference between two things or people is very slight. The words "得多" and "多了" indicate that the difference is great，e. g.

1. 他比我大一岁。

   （他比我大一点儿。）

2. 苹果比橘子贵两块。

   （苹果比橘子贵得多。）

3. 田中汉字写得比保罗好多了。

练习 Exercises

根据所给材料用数量补语造句 Make sentences according to the given information using quantity complement

1 例：冬冬今年三岁。夏夏今年五岁。——→ 冬冬比夏夏小两岁。

1. 苹果两块五一斤。橘子一斤一块五。

   _____。

2. 这条路宽二十五米。那条路宽二十米。

   _____。

3. 他 1988 年大学毕业。我 1987 年大学毕业。

   _____。

2 例：昨天三十二度。今天三十度。———→ 今天比昨天凉快一点儿。

1. 莉莉 1 米 72。小叶 1 米 65。

   _____。

2. 我的自行车是前天买的，他的自行车是上个月买的。

   _____。

3. 我认识八百多个汉字。我同屋认识两千*多个汉字。

   _____。

4. 住饭店*一个月六千多块。住宿舍一个月两千多块。

   _____。

3 "跟……一样"表示比较　　"跟…一样" used to express comparison

　　"跟……一样"表示两种事物比较的结果是同样的或类似的。其语序是：

　　　　A ＋ 跟 ＋ B ＋ 一样。例如：

"跟……一样" can be used to compare two things that are either identical or similar. The word order of a sentence of this type is:

　　　　A＋跟＋B＋一样，e.g.

　　　　1. 他的鞋跟我的鞋一样。

　　如果要具体表示比较的结果，可以这样说：

If expressing specific result of comparison, it may be written as:

　　　　2. 他的鞋跟我的鞋一样大。

　　　　3. 他跟我一样高。

　　否定式一般是在"一样"的前边加否定副词"不"。例如：

The negative form of the pattern "跟…一样" is "跟…不一样"，e.g.

4. 他的鞋跟我的鞋不一样大。

5. 他跟我不一样高。

练 习 Exercises

1 找出哪个图形跟哪个图形一样,哪个图形跟哪个图形不一样 Try to find which pictures are the same and which are different

例:

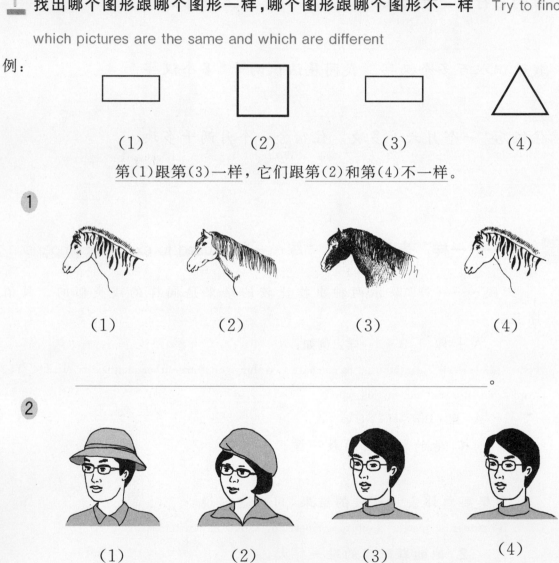

(1)　　　　(2)　　　　(3)　　　　(4)

第(1)跟第(3)一样,它们跟第(2)和第(4)不一样。

1

(1)　　　　(2)　　　　(3)　　　　(4)

_____ 。

2

(1)　　　　(2)　　　　(3)　　　　(4)

_____ 。

2 具体指出图中人或物的相同与不同的地方　Specify what are the same and difference between the two people or objects in each picture

例：

园园：9岁，1米1　豆豆：9岁，1米25
园园跟豆豆一样大，不一样高。

①

A 1 班：教室 20m²，学生 15 人　　A 2 班：教室 25m²，学生 15 人

_____。

②

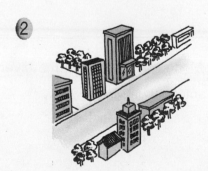 

东马路：长 500 米，宽 15 米　　西马路：长 500 米，宽 20 米

_____。

4 用"有"或"没有"表示比较 "有" or "没有" used to express comparison

动词"有"或其否定式"没有"用于比较，表示达到或未达到某种程度，常用于疑问句和否定句。其语序为：

A + （没)有 + B + 差别。例如：

The verb "有" or its negative form "没有" build negative or interrogative sentences expressing comparison. The sentence of this type indicates the extent to which two things are similar or dissimilar. The word order of a sentence of this type is：

A+（没)有+B+difference，e. g.

1. 他有你大吗?

2. 在国外生活没有在国内方便。

注意："没有……"跟"不比……"的意思不同，"他没有我大"的意思是"他比我小"；"他不比我大"既可以表示"他跟我一样大"的意思，也可以表示"他没有我大"的意思。不过，表达后一种意思时，"他没有我大"更常用。

NB："没有…" and "不比…" are different in meaning. For example，"他没有我大" means "他比我小"；but "他不比我大" means either "他跟我一样大" or "他没有我大". For the latter meaning，"他没有我大" is more often used than "他不比我大".

练习 Exercises

根据所给词语，用"有"提问，并按实际情况回答 Make questions with the given words and "有"，then give answers according to the actual situation

例：你们的教室　　　旁边的教室

A：你们的教室有旁边的教室大吗?

B：我们的教室没有旁边的教室大。

（或：我们的教室比旁边的教室大。

我们的教室跟旁边的教室一样大。）

1. 你的房间　　　　你朋友的房间

    A: _____?

    B: _____。

2. 你　　　你同屋

    A: _____?

    B: _____。

3. 坐船*　　　　坐火车

    A: _____?

    B: _____。

4. 食堂的饭菜　　　　饭馆的饭菜

    A: _____?

    B: _____。

综合练习　**Comprehensive Exercises**

1 **替换练习**　Substitution drills

1 A: 学习结束后，我打算去旅行。您说去西安好，还是去大同好？

    B: 我建议你去西安看看。

    A: 好，就听您的。

2 A: 我看，出去旅行你最好找个伴儿。

    B: 我也这么想。我准备跟保罗一起去。

3 A：学完以后，你有什么打算？

　　B：我希望在中国找个工作，可是我家里人不同意，我不知道怎么办好。

4 依我看，你还是跟家里人再好好儿商量商量吧。

2 根据所给材料组织会话　Make a dialogue according to the given information

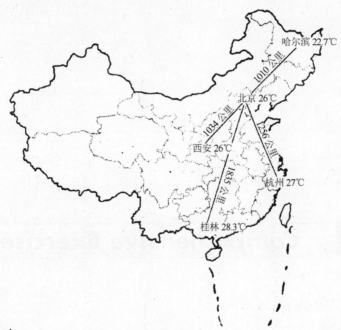

会话情景　Situation：

　　　　你和你朋友商量 7 月去哪儿旅行。（现在你们在北京）

会话题目　Topic：

　　　　你说去哪儿好？

生词　New words			
哈尔滨	（专）	Hā'ěrbīn	(name of a Chinese city)
桂林	（专）	Guìlín	(name of a Chinese city)
杭州	（专）	Hángzhōu	(name of a Chinese city)

2

	小叶	小叶的男朋友
年龄（niánlìng，age）	25	27
身高（shēngāo，height）	1米65	1米78
职业（zhíyè，profession）	记者	职员
月收入（yuèshōurù，monthly income）	三千多元	五千多元
爱好（àihào，hobby）	喜欢运动	喜欢运动
其他（qítā，other）	会做饭 做得很好	会做饭 做得不太好

会话情景　Situation：

　　小叶告诉妈妈，她最近找了个男朋友。

会话角色　Roles：

　　小叶和她妈妈。

3 选用所给词语或句式进行介绍　Choose from the words or constructions below to give an introduction

比（不比、没有）、比……一点儿（一些、得多、多了）、跟……（不）一样

　　1. 介绍一位朋友
　　2. 介绍一个地方（dìfang，place）

4 选用所给词语进行讨论　Choose from the words below to give a discussion

在国外工作好不好？

（依）我看、生活、方便、方面、确实、对……感兴趣、商量、打算、希望、同意

5 听后复述　Listen and retell

27

你把自行车放哪儿了

请把自行车放在车棚内

生词 New words

1.	把	介	bǎ	(showing the influence on sb. or sth., or how sth. is dealt with)
2.	钥匙	名	yàoshi	key
3.	车棚	名	chēpéng	bicycle shed
4.	还	动	huán	to return
5.	着急	形	zháojí	to worry
6.	表	名	biǎo	form
7.	交	动	jiāo	to give; to hand in
8.	篇	量	piān	(a measure word for articles)
9.	文章	名	wénzhāng	article
10.	翻译	动	fānyì	to translate
11.	水平	名	shuǐpíng	level

12.	法语	名	Fǎyǔ	French
13.	当	动	dàng	to regard
14.	成	动	chéng	as
15.	推 *	动	tuī	to push
16.	搬 *	动	bān	to move
17.	开 *	动	kāi	to hold (a meeting)
18.	晚会 *	名	wǎnhuì	evening party
19.	熊猫 *	名	xióngmāo	panda
20.	动物园 *	名	dòngwùyuán	zoo
21.	贴 *	动	tiē	to stick
22.	信封 *	名	xìnfēng	envelope
23.	坏 *	形	huài	broken
24.	递 *	动	dì	to pass; to deliver
25.	它 *	代	tā	it
26.	人民币 *	名	rénmínbì	(Chinese monetary unit) RMB

课文　Text

1

Tiánzhōng: Nǐ néng bu néng bǎ nǐ de zìxíngchē jiè gěi wǒ
田中：　你 能 不 能 把 你 的 自行车 借 给 我

yòngyong?
用用？

Yīngnán: Méi wèntí. Gěi nǐ yàoshi.
英男：　没 问题。给 你 钥匙。

Tiánzhōng: Nǐ bǎ zìxíngchē fàng zài nǎr le?
田中：　你 把 自行车 放 在 哪儿 了？

Yīngnán: Fàng zài lóu xià de chēpéng li le.
英男：　放 在 楼 下 的 车棚 里 了。

田中：Tiánzhōng：Wǒ yòng wán jiù mǎshàng huán gěi nǐ.
我 用 完 就 马上 还 给 你。

英男：Yīngnán：Méi guānxi, búyòng zháojí.
没 关系，不用 着急。

2

田中：Tiánzhōng：Yàoshi fāngbiàn dehuà, míngtiān nǐ qù bàngōngshì
要是 方便 的话，明天 你 去 办公室

shí, bāng wǒ bǎ zhè zhāng biǎo sòng dào bàngōngshì.
时[1]，帮 我 把 这 张 表 送到 办公室。

英男：Yīngnán：Xíng, bǎ tā jiāo gěi shuí?
行，把 它 交 给 谁？

田中：Tiánzhōng：Bǎ tā jiāo gěi Zhào lǎoshī.
把 它 交 给 赵 老师。

英男：Yīngnán：Yàoshi Zhào lǎoshī bú zài, zěnme bàn?
要是 赵 老师 不在，怎么 办？

田中：Tiánzhōng：Zhào lǎoshī bú zài dehuà, nǐ jiù bǎ biǎo fàngzài tā
赵 老师 不 在 的话，你 就 把 表 放在 她

de zhuōzi shang.
的 桌子 上。

英男：Yīngnán：Hǎo, wǒ zhīdào le.
好，我 知道 了。

田中：Tiánzhōng：Nǐ bié wàng le.
你 别 忘 了。

英男：Yīngnán：Fàngxīn ba, wàng bu liǎo.
放心 吧，忘 不 了。

3

Tiánzhōng： Wǒ xiǎng qǐng nǐ bāng ge máng.
田中： 我 想 请 你 帮 个 忙。

Xiǎoyǔ： Shénme shìr? Nǐ shuō ba.
小雨： 什么 事儿? 你 说 吧。

Tiánzhōng： Qǐng nǐ bāng wǒ bǎ zhè piān wénzhāng fānyì chéng
田中： 请 你 帮 我 把 这 篇 文章 翻译 成

Yīngwén, hǎo ma?
英文, 好 吗?

Xiǎoyǔ： Wǒ de Yīngwén shuǐpíng bù gāo, zěnme fānyì de liǎo
小雨： 我 的 英文 水平 不 高,怎么 翻译 得 了

a?
啊?

Tiánzhōng： Nǐ bú shì xué Yīngyǔ de ma?
田中： 你 不 是 学 英语 的 吗?

Xiǎoyǔ： Nǎr a, wǒ shì xué Fǎyǔ de.
小雨： 哪儿 啊[2],我 是 学 法语 的。

Tiánzhōng： Zhēn de ma? Wǒ bǎ nǐ dàng chéng xué Yīngyǔ de
田中： 真 的 吗? 我 把 你 当 成 学 英语 的

le.
了。

注释 Notes

[1] 你去办公室时。

"……时"意思相当于"……的时候"。

"…时" equals to "…的时候"。

[2] 哪儿啊。

"哪儿啊"用在答句中，表示否定。

"哪儿啊" is used as an answer to express negation.

语法　*Grammar*

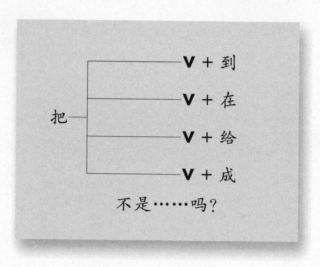

1 "把"字句（1）　　"把" sentences（1）

"把"字句常常用来强调说明动作对某事物如何处置及处置的结果。"把"字句的语序是：

主语＋"把"＋宾语（受处置的事物）＋动词＋其他成分（如何处置或处置的结果）

"把" sentences are usually used to emphasize how the object of a verb is disposed of and what result is brought about. The word order of "把" sentences is:

subject＋"把"＋object（things disposed of）＋verb＋other elements（like how to dispose of or the result of it）

"把"字句的语法特点是：

Grammatical features:

1. "把"的宾语是说话人心目中已经确定的。因此，不能说"我把一杯咖啡喝了"，只能说"我把那杯咖啡喝了"或"我喝了一杯咖啡"。

The object of a "把" sentence is a definite person or a thing in the mind of the speaker. Hence, instead of "我把一杯咖啡喝了", we should say "我把那杯咖啡喝了", or "我喝了一杯咖啡".

2. "把"字句的主要动词一定是及物的，并带有处置或支配的意义。没有处置或支配意义的动词，如"有""是""在""喜欢""知道"等，不能用于"把"字句。

The main verb of a "把" sentence should be transitive and has a meaning of disposing or controlling something. Verbs without such a meaning, e. g. "有"，"是"，"在"，"喜欢"，"觉得" and "知道" etc.，can't be used in "把" sentences.

3. "把"字句的动词后，必须带有其他成分，如动态助词"了"或"着"，宾语，补语（可能补语除外），或动词重叠，说明动作的影响或结果。例如，不能说"我把那杯咖啡喝"，只能说"我把那杯咖啡喝了"或"我把那杯咖啡喝完了"。

The main verb of a "把" sentence must be followed by some elements, such as aspect particle "了" or "着"，an object，a complement (potential complements excepted)，or the repetition of the verb to indicate the result or effect of the action. Thus，instead of "我把那杯咖啡喝"，we should say "我把那杯咖啡喝了"，or "我把那杯咖啡喝完了".

在汉语里，如果主要动词后有结果补语"到"、"在"、"给"、"成"时，必须使用"把"字句。它们表示的意思分别是：

In Chinese，if the main verbs are followed by the resultant complements "到"、"在"，"给" or "成"，"把" sentences must be used. Their respective meanings are as follows：

"到"：说明受处置的事物或人通过动作到达某地。

"到" shows that the things or persons that are being disposed of arrive some places.

"在"：说明受处置的事物或人通过动作处于某地。

"在" shows that the things or persons that are being disposed of are in some places.

"给"：说明受处置的事物通过动作交给某一对象。

"给" shows that the things that are being disposed of are given to somebody else.

"成"：说明受处置的事物或人通过动作而成为什么。例如：

"成" shows that the things or persons that are being disposed of become something else. e. g.

1. 请帮我把这张表送到办公室。

2. 我把自行车放在楼下的车棚里了。

3. 请把这张表交给赵老师。

4. 你能帮我把这篇文章翻译成英文吗？

否定副词、能愿动词或表示时间的状语，必须放在"把"的前边。例如：

Negative adverbs，modal verbs and adverbial adjunct denoting time must be put before "把"，e.g.

5. 我还没把这张表送到办公室。

6. 你能把这篇文章翻译成英文吗？

7. 我明天就把这张表交给赵老师。

练习 Exercises

1 看图用"把……V 到……"格式完成句子 Complete the sentences according to the pictures with "把…V 到…"

例：

送

妈妈把孩子送到幼儿园。

1

推*

这个孩子走不了路，＿＿＿＿

＿＿＿＿＿＿＿＿＿＿。

2

搬*

学生们要开*晚会*，＿＿＿＿＿

＿＿＿＿＿＿＿＿＿＿＿。

3

带

孩子要看熊猫*，＿＿＿＿＿

＿＿＿＿。（动物园*）

4

送

保罗的腿受伤了，＿＿＿＿＿＿

＿＿＿＿＿＿＿＿＿。

2 看图用"把……V在……"格式完成句子 Complete the sentences

according to the pictures with "把…V在…"

例：

放

小雨把闹钟放在床旁边。

1

贴*、信封*

他 _____。

2

请勿打扰

挂

他 _____。

3

摆

莉莉 _____。

4

82303963

写

保罗 _____。

3 看图用"把……V 给……"格式完成句子 Complete the sentences
according to the pictures with "把…V 给…"

例：

交
保罗，麻烦你把这封信交给英男。

1

寄

直美打算＿＿＿＿＿＿＿＿＿。

2

借

我的照相机坏*了，＿＿＿＿＿＿＿？

3

递*

麻烦你＿＿＿＿＿＿＿＿。

4 看图用"把……V成……"格式完成句子 Complete the sentences according to the pictures with "把…V成…"

例：

翻译
你能把它*翻译成中文吗？

换

他 _____ 。

（人民币*）

写

这个学生 _____ 。

看

他 _____ 。

听

接电话的人 _____ 。

2 "不是……吗？" The construction "不是…吗？"

"不是……吗？"构成的反问句，用来表示肯定，并有强调的意思。例如：

"不是…吗？" is often used to form a rhetorical question to indicate that what is said is true. It is usually employed to give emphasis to a statement，e. g.

1. 你不是学英语的吗？请你帮我翻译翻译吧。（你是学英语的。）

2. 你不是去过大同吗？你给我们介绍一下吧。（你去过大同。）

练 习 Exercises

把划线部分改成"不是……吗?"句 Change the underlined parts of the sentences into "不是…吗?" questions:

1. A: <u>这是西蒙的词典</u>,怎么在你这儿?

   B: 他回国的时候把它送给我了。

2. A: <u>你喜欢唱歌</u>,今天晚上怎么不跟他们去唱卡啦 OK 呢?

   B: 今天晚上我有约会。

3. A: 明天上午几点出发?

   B: <u>我昨天已经告诉过你了</u>,8:30。

   A: 对不起,我忘了。

4. A: <u>你说给他打电话</u>,怎么没打?

   B: 我忘了他的电话号码。

综合练习 *Comprehensive Exercises*

1 **替换练习** Substitution drills

1. A: 你能不能把<u>你的自行车</u>借给我<u>用用</u>?

   B: 没问题。

2. A: 我<u>用</u>完就马上<u>还</u>给你。

   B: 没关系,不用着急。

3. A: 要是方便的话,<u>明天</u>你<u>去办公室</u>时,帮我<u>把这张表送到办公室</u>。

   B: 行。

4. A：我想请你帮个忙。

B：什么事？你说吧。

A：请你帮我把这篇文章翻译成英文，好吗？

2 会话练习　Dialogue exercises

会话题目　Topics：

1. 你能不能把……借给我……

2. 要是方便的话，你……时，帮我把……送到……

3. 请你帮我把……翻译成……，好吗？

3 看图说话　Give a talk according to the pictures using the given words

英男把书包忘在出租汽车上了

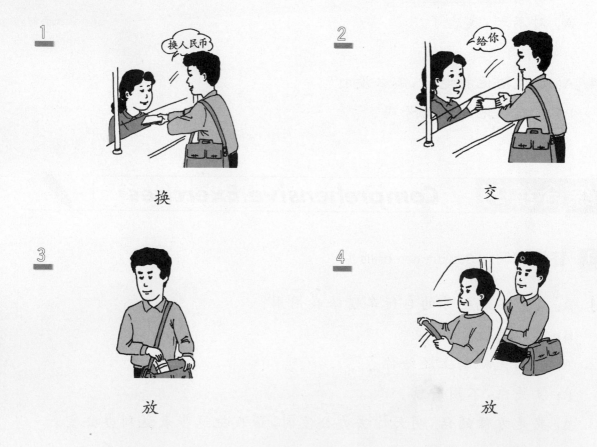

5 忘

6 送

4 **听后回答问题并复述** Listen to the recording，then answer questions and retell what you hear

生词	New words		
纸	（名）	zhǐ	paper
此路不通		cǐ lù bù tōng	No throughfare

问题 Questions：

1. 这位老人为什么把牌子上的字写在纸上？

2. 那块牌子上写的是什么？

28

快把空调关上

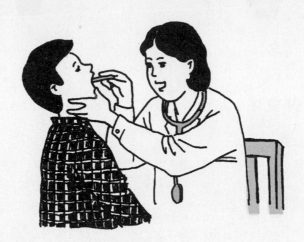

生词 New words

1.	关	动	guān	to switch off
2.	感冒	动、名	gǎnmào	to catch colds; flu
3.	发烧		fā shāo	to have a fever
4.	哟	叹	yō	oh (a sign of surprise)
5.	赶快	副	gǎnkuài	at once; quickly
6.	愿意	助动、动	yuànyì	to want
7.	怕	动	pà	to be afraid of
8.	打针		dǎ zhēn	to have an injection
9.	大夫	名	dàifu	doctor
10.	开始	动	kāishǐ	to begin
11.	头疼		tóu téng	(to have a) headache
12.	嗓子	名	sǎngzi	throat
13.	咳嗽	动	késou	to cough

14. 量	动	liáng	to take (temperature)
15. 体温	名	tǐwēn	(body) temperature
16. 体温表	名	tǐwēnbiǎo	(clinical) thermometer
17. 度	量	dù	degree
18. 嘴	名	zuǐ	mouth
19. 张	动	zhāng	to open
20. 开（药）	动	kāi(yào)	to write out (a prescription)
21. 按时	副	ànshí	on time
22. 平时	名	píngshí	in normal times
23. 劝	动	quàn	to advise; to persuade
24. 烟	名	yān	cigarette
25. 好处	名	hǎochu	advantage
26. 戒	动	jiè	to stop; to give up
27. 打开*	动	dǎkāi	to open
28. 空气*	名	kōngqì	air
29. 手*	名	shǒu	hand
30. 旧*	形	jiù	old
31. 拆*	动	chāi	to take apart

课文 Text

1 （小雨和姐姐在家里）

小雨：Zěnme zhème lěng? Kuài bǎ kōngtiáo guān shang ba.
怎么 这么 冷？快 把 空调 关 上 吧。

姐姐：Nǐ shì bu shì gǎnmào le?
你 是 不 是 感冒 了？

小雨：Wǒ kěnéng yǒudiǎnr fāshāo.
我 可能 有点儿 发烧。

（姐姐摸摸小雨的额头）

jiějie: Yō, zhème tàng! Gǎnkuài bǎ yīfu chuān shang, wǒ péi
姐姐： 哟，这么 烫！赶快 把 衣服 穿 上，我 陪

nǐ qù yīyuàn.
你 去 医院。

Xiǎoyǔ: Wǒ bú yuànyì qù, wǒ zuì pà dǎ zhēn.
小雨： 我 不 愿意 去，我 最 怕 打 针。

jiějie: Nà zěnme xíng ne? Kuài zǒu ba.
姐姐： 那 怎么 行 呢？快 走 吧。

2 （在医院）

Dàifu: Zěnme le? Nǎr bù shūfu?
大夫： 怎么 了？哪儿 不 舒服？

Xiǎoyǔ: zuótiān kāishǐ tóu téng、sǎngzi téng, hái yǒudiǎnr késou.
小雨： 昨天 开始 头 疼、嗓子 疼，还 有点儿 咳嗽。

Dàifu: Xiān liáng yí xiàr tǐwēn, bǎ tǐwēnbiǎo fàng hǎo.
大夫： 先 量 一 下儿 体温，把 体温表 放 好。

（量完后，把体温表交给大夫）

Dàifu: Sānshíbā dù bā. Qǐng bǎ zuǐ zhāng kāi, wǒ kànkan.
大夫： 三十八 度 八。请 把 嘴 张 开，我 看看。

Xiǎoyǔ: Dàifu, wǒ bù xiǎng dǎ zhēn.
小雨： 大夫，我 不 想 打 针。

Dàifu: Nà wǒ gěi nǐ kāi diǎnr yào, yào ànshí chī. Píngshí yào
大夫： 那 我 给 你 开 点儿 药，要 按时 吃。平时 要

duō hē diǎnr shuǐ.
多 喝 点儿 水。

3 （晚上，姐姐看见小雨正在抽烟）

姐姐: Wǒ quàn nǐ shǎo chōu diǎnr yān, chōu yān duì shēntǐ méiyǒu
我 劝 你 少 抽 点儿 烟，抽 烟 对 身体 没有
hǎochu.
好处。

小雨: Āiya, yòu lái le, nǐ yǐjing shuōle bābǎi biàn le.
哎呀，又 来 了[1]，你 已经 说了 八百 遍 了。

姐姐: Yàoshi nǐ bǎ yān jiè le, wǒ jiù bù shuō le. Jīntiān
要是 你 把 烟 戒 了，我 就 不 说 了。今天
qǔ huílai de yào ne?
取 回来 的 药 呢？

小雨: Wǒ yǐjing bǎ tā chī le.
我 已经 把 它 吃 了。

姐姐: Nà jiù bǎ diànshì guān shang, zǎo diǎnr shuì jiào ba.
那 就 把 电视 关 上，早 点儿 睡 觉 吧。

注释 Notes

[1] 又来了。

"又来了"表示要求不要重复过去的话或动作。

"又来了" is used to express that one doesn't like a sentence already said or action already made to be said or made again.

语法 Grammar

把

"把"字句(2) "把" sentences (2)

在汉语里,还有一些动词谓语句既可以用"把",又可以不用"把",但表达的意思有所不同。试比较下例:

In Chinese, in some sentences with verbal predicates, "把" may or may not be used. But the sentences with "把" and without "把" have different meanings, e. g.

1. 快关上空调。

   快把空调关上。

2. 请张开嘴。

   请把嘴张开。

不用"把"的句子只是一般地叙述,而用"把"的句子则有强调对宾语处置的意思,语气也更强。

The sentences without "把" express general narration, whereas the sentences with "把" emphasize that one disposes of the objects and harden the tone.

练习 Exercises

看图用"把"完成句子 Complete the sentences according to the pictures using "把"

1 例：

打开*
屋里空气*不好,<u>快把窗户打开</u>。

1

洗干净

吃饭以前，＿＿＿＿＿＿＿。（手*）

2

拿进去

麻烦你＿＿＿＿＿＿＿。

3

带来

明天你来的时候，＿＿＿＿＿

＿＿＿＿＿＿＿＿＿。

4

关上

刮大风了，＿＿＿＿＿＿＿。

2 例：

卖

她把旧*报纸和杂志卖了。

1

吃

小雨＿＿＿＿＿＿＿。

2

拆*

孩子＿＿＿＿＿＿＿。

3

修好

他＿＿＿＿＿＿＿。

4

擦干净

她＿＿＿＿＿＿＿。

综合练习　Comprehensive Exercises

1 替换练习　Substitution drills

1. 怎么这么<u>冷</u>？快把<u>空调关上</u>吧。

2. 赶快把<u>衣服穿上</u>。

3. 快点儿<u>走</u>吧。

4. 要按时<u>吃药</u>，平时要多<u>喝点儿水</u>。

5. A：我劝你少抽点儿烟，抽烟对身体没有好处。

   B：哎呀，又来了，你已经说了八百遍了。

6. 早点儿睡觉吧。

2 根据所给材料组织会话　Make a dialogue according to the given information

病　历

姓名：李英男　　性别：男　　年龄：24 岁

症状：嗓子疼，咳嗽，打喷嚏，流鼻涕，发烧（39 度）

时间：两天

诊断：流行性感冒

治疗：1. 打针：一天打两次，打三天

　　　2. 药："感冒通"一盒

　　　　　一天吃三次，一次吃一片

生词　New words

病历	（名）	bìnglì	medical recorder
性别	（名）	xìngbié	sex
症状	（名）	zhèngzhuàng	symptom
喷嚏	（名）	pēntì	to sneeze
流	（动）	liú	to shed
鼻涕	（名）	bítì	snivel
诊断	（动）	zhěnduàn	to diagnose
治疗	（动）	zhìliáo	to treat
流行性	（形）	liúxíngxìng	epidemic
感冒通	（专）	Gǎnmàotōng	(name of a medicine for colds)
片	（量）	piàn	tablet

会话情景　Situation：

英男病了

会话题目　Topics：

1. 赶快把衣服穿上，我陪你去医院。

2. 你怎么了？哪儿不舒服？

会话角色　Roles：

1. 英男和保罗

2. 英男和大夫

3 看图说话 Give a talk according to the pictures with the given words

今天你们做什么了？

1　妈妈问……

2　……做……

3　……打扫……

4　……洗……

5

······摔······

生词	New words		
花瓶	（名）	huāpíng	vase

4 听后回答问题并复述 Listen to the recording，then answer questions and retell what you hear

生词	New words		
醉	（形）	zuì	drunk
晃	（动）	huàng	to shake

问题 Questions：

1. 那个人在家门口做什么？

2. 他请邻居帮他做什么？

钱包被小偷偷走了

29

生词　New words

1. 提	动	tí	to talk about；to mention
2. 被	介	bèi	by（introducing the agent in a passive sentence）
3. 三轮车	名	sānlúnchē	tricycle
4. 撞	动	zhuàng	to knock
5. 倒	动	dǎo	down
6. 胳膊	名	gēbo	arm
7. 腿	名	tuǐ	leg
8. 青	形	qīng	blue
9. 倒霉	形	dǎoméi	unlucky
10. 小心	形	xiǎoxīn	careful
11. 像话	形	xiànghuà	reasonable；proper；right

12.	透	形	tòu	extremely
13.	叫	介	jiào	by (introducing the agent in a passive sentence)
14.	小偷	名	xiǎotōu	thief
15.	偷	动	tōu	to steal
16.	丢	动	diū	to lose
17.	气	动	qì	to get angry
18.	考	动	kǎo	to examine
19.	听力	名	tīnglì	listening
20.	复习	动	fùxí	to review
21.	咳	叹	hāi	oh (a sigh of sadness)
22.	连……也……		lián…yě…	even
23.	让	介	ràng	by (introducing the agent in a passive sentence)
24.	摔	动	shuāi	to fall
25.	录音	名、动	lùyīn	recording; to record
26.	主意	名	zhǔyi	idea
27.	淋 *	动	lín	to wet
28.	湿 *	形	shī	wet
29.	批评 *	动	pīpíng	to criticize
30.	顿 *	量	dùn	(a measure word)
31.	警察 *	名	jǐngchá	police
32.	抓 *	动	zhuā	to seize
33.	师傅 *	名	shīfu	master worker
34.	玩具 *	名	wánjù	toy

课文 Text

1 （直美从外面进来，胳膊受了伤）

莉莉：Nǐ zěnme le?
你 怎么 了？

直美：Bié tí le, gāngcái qí chē chūqu, bèi yí liàng
别 提 了[1]，刚才 骑车 出去，被 一 辆

sānlúnchē zhuàng dǎo le.
三轮车 撞 倒 了。

莉莉：Shì ma? Shòu shāng le méiyǒu?
是 吗？受 伤 了 没有？

直美：Nǐn kàn, gēbo hé tuǐ dōu bèi zhuàng qīng le. Zhēn
你 看，胳膊 和 腿 都 被 撞 青 了。真

dǎoméi.
倒霉。

莉莉：Yǐhòu qí chē de shíhou xiǎoxīn diǎnr.
以后 骑车 的 时候 小心 点儿。

直美：Bú shì wǒ bù xiǎoxīn, shì nà ge qí sānlúnchē de qí
不 是 我 不 小心，是 那个 骑 三轮车 的 骑

de tài kuài le.
得 太 快 了。

莉莉：Zhēn bú xiànghuà.
真 不 像话[2]。

2

直美：Wǒ jīntiān zhēn shì dǎoméi tòu le.
我 今天 真 是 倒霉 透 了。

莉莉：Hái yǒu shénme dǎoméi shì?
还 有 什么 倒霉 事？

直美：Shàngwǔ guàng shāngdiàn de shíhou, qiánbāo jiào xiǎotōu
上午 逛 商店 的 时候，钱包 叫 小偷

tōu zǒu le.
偷 走 了。

Lìli: Diūle duōshao qián?
莉莉: 丢了 多少 钱?

Zhíměi: Wǔbǎi duō kuài. Zhēn qì rén!
直美: 五百 多块。真 气 人[3]！

3

Lìli: Dàhòutiān kǎo tīnglì, nǐ fùxí de zěnmeyàng le?
莉莉: 大后天 考 听力，你 复习 得 怎么样 了？

Zhíměi: Hāi, lián lùyīnjī yě ràng wǒ gěi shuāi huài le, xiànzài
直美: 咳，连 录音机 也 让 我 给 摔 坏 了，现在

tīng bu liǎo lùyīn le, zhēn jí rén.
听 不 了 录音 了，真 急 人。

Lìli: Nǐ bǎ tā sòng dào Xiǎoyǔ nàr ba, shàngcì wǒ de
莉莉: 你 把 它 送 到 小雨 那儿 吧，上次 我 的

lùyīnjī jiù shì ràng Xiǎoyǔ gěi xiū hǎo de.
录音机 就 是 让 小雨 给 修 好 的。

Zhíměi: Hǎo zhǔyi, wǒ mǎshàng jiù qù.
直美: 好 主意，我 马上 就 去。

注 释 Notes

[1] 别提了。

"别提了"表示不愿谈及某话题（多为让人感到不快的话题）。

"别提了" has the meaning that one doesn't want to talk about one thing (especially when talking about something that makes him unhappy).

[2] 真不像话。

"真不像话"常用来批评某些言语或行动不合乎情理或道理。

"真不像话" is often used to criticize what people say or do, when one evaluates that it is not in accord with the common sense or the most basic logic.

[3] 真气人、真急人!

"真气人"、"真急人"分别用来表示对某种情况感到气愤或着急。

"真气人" and "真急人" are used respectively to express that one is very angry with a situation or that one feels anxious.

语法 *Grammar*

被　叫　让
连……也……

1 "被"字句 "被" sentences

汉语中有一种句子,它的主语是受事,并用介词"被"、"叫"、"让"引出动作的施事,这种用介词"被"、"叫"、"让"来表示被动的句子叫"被"字句。"被"字句的谓语动词一般总带有其他成分,说明动作的结果、程度、时间等,多含有不如意的意思。"被"字多用于书面语,"叫"和"让"多用于口语。口语里施事宾语的后边也可以加表被动的"给"字。"被"字句的词序一般是:

主语(受事)+被/叫/让+介词的宾语(施事)+(给)动词+其他成分。

例如:

In Chinese, there is a type of passive sentences called "被" sentences. In a "被" sentence, the subject is the receiver of an action and the prepositions "被", "叫" or "让" are put before the performer of the action. The predicate of a "被" sentence generally contains other elements indicating the result, extent or the time of an action etc., expressing in general that one isn't satisfied with the result. "被" is mostly used in written Chinese whereas "叫" and "让" are usually used in spoken Chinese. In spoken Chinese, one can add a "给" expressing the passive after the prepositional complement. The word order of a "被" sentence is as follows:

钱包被小偷偷走了

subject（receiver of the action）+ 被/叫/让 + object of preposition + （给）+ verb + other element

E. g.

<ol>
<li>刚才我被一辆三轮车撞倒了。</li>
<li>上午逛商店的时候，钱包叫小偷偷走了。</li>
<li>上次我的录音机就是让小雨给修好的。</li>
</ol>

如果施事是不必或不能说出的，就可以用泛指的"人"来代替。例如：

If there is no need to or one is not able to tell the performer of an action，it can be replaced by the word "人" which is one of generic reference，e. g.

<ol start="4">
<li>那本书可能让人借走了。</li>
</ol>

当施事不需要说明时，"被"也可以直接放在动词前。"让"和"叫"没有这种用法。例如：

If it is unnecessary to tell the performer of an action，"被" can go without an object（the performer）and be followed immediately by the predicate verb. "叫" or "让" can't be used in this way，e. g.

<ol start="5">
<li>啤酒都被喝完了。</li>
</ol>

否定副词和能愿动词都得放在"被"、"叫"、"让"的前边。例如：

The negative adverb or modal verb，when there is one，should be placed before "被"，e. g.

<ol start="6">
<li>我的自行车没让人借走。</li>
</ol>

练习 Exercises

1 将下列句子改为被动句 Change the sentences into passive sentences

1. 风刮走了他的帽子。
2. 雨淋*湿*了她的头发和衣服。
3. 孩子摔坏了妈妈的眼镜。
4. 小明又没做作业，老师批评*了他一顿*。

169

入门篇 下

2 用"被"、"叫"、"让"填空 Fill in the blanks with "被","叫" or "让"

1. 受伤的人＿＿＿＿＿送到医院了。

2. 小偷＿＿＿＿＿警察*抓*住了。

3. 旧房子＿＿＿＿＿拆了。

4. 那本小说已经＿＿＿＿＿翻译成英文了。

5. 这一大只烤鸭都＿＿＿＿＿我们吃完了。

3 把括号中的词填入句中合适的位置 Put the words in the brackets to the proper position in the sentences

1. A 我的自行车 B 被那位师傅*C 修好了。（已经）

2. 那本杂志 A 已经叫 B 人 C 借走了。（给）

3. 护照 A 被 B 小偷 C 偷走。（没）

4. 那些 A 玩具*B 让孩子 C 拆了。（都）

2 连……也(都)…… The construction "连…也(都)…"

"连……也(都)……"表示强调，含有"甚而至于"的意思。例如：

"连…也(都)…" is a way to put the emphasis on the element after "连" and has the meaning of "even", e. g.

1. 连录音机也让我给摔坏了。

2. 他起晚了,连早饭也没吃就去上课了。

练习 Exercises

用"连……也(都)……"格式完成句子 Complete the sentences with "连…也(都)…"

1. 这个问题太容易了,＿＿＿＿＿＿＿＿＿。

2. 他忙极了,＿＿＿＿＿＿＿＿＿。

3. 这是我的秘密,＿＿＿＿＿＿＿＿＿。

4. 他汉语水平特别高,＿＿＿＿＿＿＿＿＿。

综合练习 **Comprehensive Exercises**

1 替换练习 Substitution drills

1. A：你怎么了？

   B：别提了，<u>刚才骑车出去</u>，<u>被一辆三轮车撞倒了</u>。

2. <u>你看</u>，<u>胳膊和腿</u>都被<u>撞青</u>了。真倒霉。

3. A：不是我<u>不小心</u>，是那个<u>骑三轮车的</u>骑得太快了。

   B：真不像话。

4. 我今天真是<u>倒霉</u>透了。

5. <u>丢了五百多块钱</u>，真<u>气</u>人。

6. A：咳，连<u>录音机</u>也让我给<u>摔坏</u>了，现在<u>听不了录音</u>了，真急人。

   B：你把它送到<u>小雨</u>那儿吧。上次我的<u>录音机</u>就是让<u>小雨</u>给<u>修</u>好的。

   A：好主意，我马上就去。

2 根据所给材料会话 Make dialogues according to the given information

1

> 有人把西瓜（xīguā, watermelon）皮扔在楼门口，A
> 先生去外边的时候，一下楼就滑（huá, to slide）倒了，
> 他的胳膊被摔伤了。
>
> B 先生今天骑车去书店，一个人逆行（nìxíng, to
> go in a derection against traffic regulation），B 先生被这
> 人撞倒了。他的腿被摔青了，自行车也被摔坏了。

会话情景　Situation：

　　A 先生在医院看病时，遇见了 B 先生

会话题目　Topic：

别提了，今天真倒霉……

会话角色　Roles：

A 先生和 B 先生

2

> C 小姐上星期买了一辆很漂亮的自行车，因为楼下没有车棚，所以她把车放在楼门口。今天早上她出去的时候发现（fāxiàn，to discover）她的自行车没有了。

会话情景　Situation：

C 小姐去告诉警察（jǐngchá，policeman）

会话题目　Topic：

真气人，……

3 自由表述 Speak freely

谈一件你遇到的倒霉事

> 提示语　Cue words：
>
> 不像话　真气人　倒霉透了　被　连……也……

4 听后回答问题并复述 Listen to the recording，then answer the question and retell what you hear

问题　Question：

小明今天一进教室就告诉老师什么？为什么？

祝你一路平安

30

生词 *New words*

1.	向	介	xiàng	to
2.	告别		gào bié	to say good-bye
3.	行李	名	xíngli	luggage
4.	收拾	动	shōushi	to pack up
5.	上班		shàng bān	to go to work
6.	保重	动	bǎozhòng	to take care
7.	饯行	动	jiànxíng	to have a farewell dinner
8.	祝	动	zhù	to wish
9.	平安	形	píng'ān	safe and sound; without mishap
10.	幸福	形	xìngfú	happy
11.	顺利	形	shùnlì	smooth; without a hitch
12.	刚	副	gāng	just
13.	句	量	jù	(a measure word) sentence

14. 感谢	动	gǎnxiè	to thank
15. 舍不得	动	shěbude	to hate to part with or to use; to begrudge
16. 举	动	jǔ	to raise
17. 为	介	wèi	for
18. 友谊	名	yǒuyì	friendship
19. 干杯		gān bēi	to drink a toast
20. 洗(照片)	动	xǐ(zhàopiàn)	to develop(photos)
21. 该	助动	gāi	should
22. 登	动	dēng	to board
23. 手续	名	shǒuxù	procedures; formalities
24. 护照	名	hùzhào	passport
25. 机票	名	jīpiào	plane ticket
26. 代	动	dài	for
27. 问好		wèn hǎo	to say hello
28. 顺风	动	shùnfēng	to have a good trip

课文 Text

1

Lìli 莉莉： Xià xīngqī wǒ jiù yào huí guó le, wǒ lái xiàng nín gào bié.
下 星期 我 就 要 回 国 了，我 来 向 您 告 别。

lǎoshī 老师： Xíngli dōu shōushi hǎo le ma?
行李 都 收拾 好 了 吗？

Lìli 莉莉： Dōu shōushi hǎo le.
都 收拾 好 了。

老师: Nǎ tiān de fēijī?
老师: 哪天 的 飞机?

莉莉: Xià xīngqī'èr shàngwǔ shí diǎn yí kè de.
莉莉: 下 星期二 上午 十 点 一 刻 的。

老师: Xīngqī'èr wǒ hái děi shàng bān, kǒngpà sòng bu liǎo
老师: 星期二 我 还 得 上班, 恐怕 送 不 了

nǐ le.
你 了。

莉莉: Búyòng sòng le, nín duō bǎozhòng.
莉莉: 不用 送 了, 您 多 保重。

2 (回国前一天晚上,莉莉的中国朋友们给她饯行)

小叶: Lìli, jīntiān wǒmen gěi nǐ jiànxíng, zhù nǐ yí lù
小叶: 莉莉, 今天 我们 给 你 饯行, 祝 你 一 路

píng'ān.
平安。

莉莉: Wǒ yě zhù nǐmen shēnghuó xìngfú, gōngzuò shùnlì.
莉莉: 我 也 祝 你们 生活 幸福, 工作 顺利。

小叶: Gāng lái Zhōngguó de shíhou, nǐ lián yí jù Hànyǔ
小叶: 刚 来 中国 的 时候, 你 连 一 句 汉语

yě bú huì shuō, xiànzài shuō de zhēn búcuò.
也 不 会 说, 现在 说 得 真 不错。

莉莉: Nǐmen gěile wǒ hěn duō bāngzhù, wǒ zhēn bù zhīdào
莉莉: 你们 给了 我 很 多 帮助, 我 真 不 知道

zěnme gǎnxiè nǐmen cái hǎo.
怎么 感谢 你们 才 好。

小叶: Nǐ shuō dào nǎr qù le.[1] Wǒmen zhēn shěbude
小叶: 你 说 到 哪儿 去 了[1]。 我们 真 舍不得

nǐ zǒu.
你 走。

莉莉: Wǒ yě shì. Wǒmen yídìng huì zài jiàn miàn de.
莉莉: 我 也 是。 我们 一定 会 再 见 面 的。

小叶　Xiǎoyè：Lái, dàjiā jǔ bēi, wèi wǒmen de yǒuyì gān bēi.
来，大家 举 杯，为 我们 的 友谊 干 杯。

大家　Dàjiā：Gān bēi!
干 杯！

3 （在机场）

小叶　Xiǎoyè：Zánmen yìqǐ zhào zhāng xiàng ba.
咱们 一起 照 张 相 吧。

莉莉　Lìli：Hǎo. Zhàopiàn xǐ hǎo yǐhòu qǐng gěi wǒ jì yì
好。 照片 洗 好 以后，请 给 我 寄 一
zhāng.
张。

小叶　Xiǎoyè：Gāi bàn dēng jī shǒuxù le, hùzhào hé jīpiào dōu ná
该 办 登 机 手续 了，护照 和 机票 都 拿
chūlai le ba? Bié diū le.
出来 了 吧? 别 丢 了。

莉莉　Lìli：Nà zánmen jiù zài zhèr shuō zàijiàn ba.
那 咱们 就 在 这儿 说 再见 吧。

小叶　Xiǎoyè：Bié wàngle gěi wǒmen lái xìn.
别 忘了 给 我们 来 信。

莉莉　Lìli：Wàng bu liǎo.
忘 不 了。

小叶　Xiǎoyè：Huíqu jiàn dào Xīméng dehuà, qǐng dài wǒmen xiàng tā
回去 见 到 西蒙 的话，请 代 我们 向 他
wèn hǎo.
问 好。

莉莉　Lìli：Wǒ yídìng zhuǎngào.
我 一定 转 告。

朋友们　péngyoumen：Yí lù shùnfēng! Zàijiàn!
一 路 顺 风[2]！再见！

莉莉　Lìli：Zàijiàn!
再见！

注 释 Notes

[1] 你说到哪儿去了。

"你说到哪儿去了"意思是埋怨对方说话过于客气。

"你说到哪儿去了"is used when complaining that the person one talks with is too polite.

[2] 一路顺风！

"一路顺风"是祝人旅途顺利、平安的吉祥话。

"一路顺风" is used to express one's good wishes to a person who will go on a trip.

语 法 *Grammar*

被

意义上的被动句 Notional passive sentences

除了"被"字句以外，汉语里还有一种句子，它的主语也是受事，但是它的句子在形式上与主语是施事的句子没有区别，我们把它叫做意义上的被动句。例如：

Apart from "被" sentences，there is another type of passive sentences. In the sentences of this type，the subjects are the receivers of actions，but the sentences have the same structure as sentences whose subjects are performers of actions. We call such sentences notional passive sentences，e. g.

1. 行李都收拾好了吗？

2. 照片洗好以后，请给我寄一张。

当我们不必强调主语和动词的被动关系或者不必指出施事者时，可以使用意义上的被动句。

When there is no need to indicate the passive relationship between the subject and the verb, or no need to indicate the performer, the notional passive sentences are used.

练习 Exercises

将下列词组扩展成意义上的被动句 Make notional passive sentences with the words below

1. 写完

2. 贴好

3. 洗干净

4. 摔坏

5. 关上

6. 寄去

综合练习 *Comprehensive Exercises*

1 替换练习 Substitution drills

1. 下星期我就要回国了,我来向您告别。

2. A:星期二我还得上班,恐怕送不了你。

   B:不用送了,您多保重。

3. A:莉莉,今天我们给你饯行,祝你一路平安。

   B:我也祝你们生活幸福,工作顺利。

4. A:你们给了我很多帮助,我真不知道怎么感谢你们才好。

   B:你说到哪儿去了。

5. 我们真舍不得你走。

6. A：来，大家举杯，为我们的友谊干杯。

   B：干杯！

7. 回去见到西蒙的话，请代我们向他问好。

2 会话练习 Dialogue exercises

会话题目 Topics：

　　1. 我来向您告别

　　2. 为……干杯

　　3. 请代……向……问好

3 自由表述 Speak freely

你就要跟老师和同学们说"再见"了，现在你最想说什么？

4 请听一首中国歌 Listen to a Chinese song

听力录音文本
Tapescript

第十六课：听后复述

王先生的爱人问王先生："你在找什么呢？"王先生回答："我在找我的汽车钥匙呢。"王先生的爱人一边帮王先生找一边说："你不应该说'我在找我的汽车钥匙呢'，你应该说'我在找我们的汽车钥匙呢'。结婚以后，应该只说'我们的'，不应该说'我的'。"晚上王先生正在刮胡子，王先生的爱人问王先生："你做什么呢？"王先生回答："亲爱的，我在刮我们的胡子呢。"

第十七课：听一听，找一找，说一说

今天是田中的生日，朋友们打算给他开一个生日晚会。直美和莉莉下了课就去买东西了。她们先去市场买了三斤橘子、两斤苹果，然后去商店买了一个大蛋糕。最后，她们在学校旁边的花店买了很多花。她们没买饮料。饮料英男已经买了。

第十八课：听一听，说一说

两年以前，我朋友的女儿看上去还很小。现在她七岁了，个子高了，头发长了，更聪明了，也更可爱了。她告诉我，她已经是小学生了。

第十九课：听后判断正误并复述

我是个旱鸭子，我很想学游泳。从上星期开始，我的一个朋友教我学游泳。我觉得游泳有意思是有意思，不过有点儿难。现在我会一点儿了，可是游得不怎么样，只能游二十多米。我要努力练习，以后我想跟我的游泳老师比赛，你们说，我能赢吗？

第二十课：听后选择正确答案

小雨工作半个多月了，他每天工作八个小时，每星期工作五天。他每天骑自行车去公司，他家离公司不太远，骑15分钟就到了。小雨非常喜欢他的工作，虽然工作的时候比较紧张，但是他觉得很愉快。不过，现在他不能睡懒觉了。在学校的时候，他常常8点多才起床，现在6点就得起床了。

第二十一课：听后回答问题并复述

老师说："汤姆，你今天早上吃的是面包和巧克力吧？"汤姆问老师："您是怎么知道的？"老师说："是从你的脸上知道的。你的脸上有面包和巧克力。"汤姆说："不过，老师，面包是今天早上吃的，巧克力不是今天早上吃的，是昨天吃的。"

第二十二课：听后将下列物品的编号填入图中

　　这是直美和莉莉的房间，门上写着"301"，门旁边挂着一个书包，门口放着两双鞋。窗户旁边放着两张床，床旁边放着两张桌子。左边的桌子上摆着一个台灯和一张照片，右边的桌子上放着一个电话。窗台上摆着花。

第二十三课：听后回答问题

　　一个饭店的男服务员早上去给客人打扫房间，他看见一位女客人只穿着内衣，就一边打扫房间一边说："先生，您应该穿好衣服，房间里有点儿冷。"等那位客人穿好衣服以后，他又说："哎呀，刚才我看错了，原来您是一位漂亮的女士。"

第二十四课：听后选择正确答案并复述

　　一天，王先生跟他爱人吵架了。王先生生气地说："你带走你的东西，别回来了。"他爱人听了，哭着跑进房间去，过了一会儿，从房间里拿出来一个大袋子，对王先生说："你进袋子里去吧。"王先生说："你要做什么？"他爱人回答："你让我带走我的东西，你也是我的，我当然要带走。"

第二十五课：听后回答问题

　　一个病人看完病以后，有点儿紧张地问大夫："您不是真的大夫吧？"大夫说："为什么？"病人回答："以前我看病的时候，大夫们的话我常常听不懂，药方上的字我也看不清楚。可是，您的话我都听得懂，药方上的字我也看得清楚。所以，您怎么可能是真的大夫呢？"

第二十六课：听后复述

　　今天是我朋友的女儿的生日。她三岁了。她有一个哥哥。我问她："你哥哥比你大几岁？"她非常高兴地说："去年妈妈告诉我，哥哥三岁，比我大一岁。现在我也三岁了，我跟哥哥一样大了。"

第二十七课：听后回答问题并复述

　　一位老人去法国看儿子。他不会说法语。一天，他想去外边逛逛。他儿子家前边的路口有一个牌子，他把牌子上的字当成了这条路的名字，写在了纸上。回来时，他把这张纸交给汽车司机，司机看到上边写着"此路不通"。

第二十八课：听后回答问题并复述

　　一个人喝醉了，回到家门口。他把钥匙拿出来开门，可是开了半天，也没能把门打开。这时，他的邻居走过来说："要我帮忙吗？"他说："麻烦您帮我把房子抓住，别让它晃。"

第二十九课：听后回答问题并复述

　　小明昨天没做作业，他怕被老师批评，所以今天一进教室就告诉老师："老师，刚才我来学校的时候，我的东西被小偷偷走了。"老师说："什么东西？"小明回答："我的作业。"

词 汇 表 *Glossary*

错	形	cuò	23

D

打（电话）	动	dǎ(diànhuà)	16
打（球）	动	dǎ(qiú)	19
打开	动	dǎkāi	28
打算	动、名	dǎsuan	16
打扰	动	dǎrǎo	24
打针		dǎ zhēn	28
打字		dǎ zì	19
大概	形	dàgài	25
大家	代	dàjiā	16
呆	动	dāi	23
大夫	名	dàifu	28
代	动	dài	30
戴	动	dài	22
耽误	动	dānwu	25
但是	连	dànshì	20
当	动	dàng	27
导游	名	dǎoyóu	18
倒	动	dǎo	29
倒霉	形	dǎoméi	29
……的话	助	…dehuà	25
地	助	de	22
得	助	de	19
得	助动	děi	19
登	动	dēng	30
递	动	dì	27
第	头	dì	21
丢	动	diū	29
冬天	名	dōngtiān	18
懂	动	dǒng	23

动物园	名	dòngwùyuán	27
堵车		dǔ chē	20
度	量	dù	28
短信	名	duǎnxìn	23
对	形	duì	23
对	介	duì	26
对话	名	duìhuà	25
队	名	duì	19
顿	量	dùn	29

F

发	动	fā	23
发烧		fā shāo	28
法语	名	Fǎyǔ	27
翻译	动	fānyì	27
饭店	名	fàndiàn	26
方便	形	fāngbiàn	26
方面	名	fāngmiàn	26
妨碍	动	fáng'ài	24
放	动	fàng	22
放心		fàng xīn	25
钟	名	zhōng	18
风景	名	fēngjǐng	17
封	量	fēng	21
复习	动	fùxí	29

G

该	助动	gāi	30
干杯		gān bēi	30
赶	动	gǎn	25
感冒	动、名	gǎnmào	28
感谢	动	gǎnxiè	30
感兴趣		gǎn xìngqù	26

刚	副	gāng	30	话	名	huà	20
刚才	名	gāngcái	16	坏	形	huài	27
告别		gào bié	30	还	动	huán	27
歌	名	gē	16	回	动	huí	18
胳膊	名	gēbo	29	回答	动	huídá	16
各	代	gè	22	回来	动	huílai	23
更	副	gèng	18	会	助动	huì	19
公园	名	gōngyuán	17	货架	名	huòjià	22
够	形	gòu	30				
估计	动	gūjì	19	**J**			
古迹	名	gǔjì	26	急	形	jí	23
顾客	名	gùkè	16	记	动	jì	23
刮	动	guā	18	寄	动	jì	16
挂	动	guà	22	假	形	jiǎ	21
关	动	guān	18、28	简单	形	jiǎndān	21
逛	动	guàng	17	减价		jiǎn jià	16
国内	名	guónèi	26	饯行	动	jiànxíng	30
国外	名	guówài	26	建议	动、名	jiànyì	26
过	动、助	guò	20、21	讲	动	jiǎng	23
				交	动	jiāo	16、27
H				郊游	动	jiāoyóu	25
咳	叹	hāi	29	叫	动、介	jiào	23、24、29
好	副	hǎo	20	接	动	jiē	23
好吃	形	hǎochī	14	结婚		jié hūn	18
好处	名	hǎochu	28	结束	动	jiéshù	26
河	名	hé	26	借	动	jiè	24
盒	名、量	hé	24	戒	动	jiè	28
嗬	叹	hē	17	紧张	形	jǐnzhāng	20
黑板	名	hēibǎn	16	警察	名	jǐngchá	29
呼吸	动	hūxī	25	久	形	jiǔ	24
互相	副	hùxiāng	26	旧	形	jiù	28
护照	名	hùzhào	30	举	动	jǔ	30

句	量	jù	30

K

开	动	kāi	18、22、27、28
开始	动、名	kāishǐ	23
看	动	kàn	17
看见	动	kànjiàn	23
看上去		kàn shangqu	18
考	动	kǎo	29
考试	动、名	kǎoshì	18
烤鸭	名	kǎoyā	17
咳嗽	动	késou	28
可	副	kě	21
可能	助动	kěnéng	16
客厅	名	kètīng	22
课文	名	kèwén	17
肯定	形	kěndìng	25
空气	名	kōngqì	25
恐怕	副	kǒngpà	25
空儿	名	kòngr	25
哭	动	kū	22

L

篮球	名	lánqiú	19
懒	形	lǎn	18
冷	形	lěng	18
立	动	lì	22
俩	数	liǎ	25
连……也		lián…yě	29
凉快	形	liángkuai	26
量	动	liáng	28
聊天儿		liáo tiānr	16
邻居	名	línjū	20

淋	动	lín	29
流利	形	liúlì	20
录音	名、动	lùyīn	29
旅行	动	lǚxíng	16

M

麻烦	动、形	máfan	23
马上	副	mǎshàng	24
猫	名	māo	22
帽子	名	màozi	17
美	形	měi	17
门	名	mén	18
明年	名	míngnián	16
名胜	名	míngshèng	26

N

拿	动	ná	22
那么	连	nàme	24
能	助动	néng	18
女	形	nǚ	19
女朋友	名	nǚpéngyou	19
暖和	形	nuǎnhuo	18

P

趴	动	pā	22
怕	动	pà	28
排	量	pái	22
排球	名	páiqiú	21
排队		pái duì	16
牌子	名	páizi	22
盘	量	pán	21
胖	形	pàng	18
跑	动	pǎo	24

陪	动	péi	17			**S**	
批评	动	pīpíng	29	赛	动	sài	19
篇	量	piān	27	三轮车	名	sānlúnchē	29
票	名	piào	23	嗓子	名	sǎngzi	28
乒乓球	名	pīngpāngqiú	21	沙发	名	shāfā	22
平安	形	píng'ān	30	山	名	shān	18
平时	名	píngshí	28	商量	动	shāngliang	26
		Q		上	名、动	shàng	17、24
起来	动	qǐlai	24	上（闹钟）	动	shàng（nàozhōng）	
气	动	qì	29				25
千	数	qiān	26	上班		shàng bān	30
墙	名	qiáng	22	少	形	shǎo	16
巧	形	qiǎo	18	舍不得	动	shěbude	30
亲戚	名	qīnqi	18	深	形	shēn	26
青	形	qīng	29	生词	名	shēngcí	17
清楚	形	qīngchu	23	生活	动、名	shēnghuó	26
晴	形	qíng	18	生气	动	shēngqì	22
秋天	名	qiūtiān	18	师傅	名	shīfu	29
球星	名	qiúxīng	19	湿	形	shī	29
去年	名	qùnián	21	时间	名	shíjiān	17
取	动	qǔ	23	市场	名	shìchǎng	22
劝	动	quàn	28	收拾	动	shōushi	30
确实	副	quèshí	26	手	名	shǒu	28
裙子	名	qúnzi	17	手表	名	shǒubiǎo	23
		R		手机	名	shǒujī	23
让	动、介	ràng	24、29	手续	名	shǒuxù	30
人民币	名	Rénmínbì	27	受伤		shòu shāng	25
认真	形	rènzhēn	22	瘦	形	shòu	18
容易	形	róngyì	26	输	动	shū	19
				书房	名	shūfáng	22
				书架	名	shūjià	22

树叶	名	shùyè	18
摔	动	shuāi	29
水平	名	shuǐpíng	27
睡懒觉		shuì lǎnjiào	18
顺风	动	shùnfēng	30
顺利	形	shùnlì	30
送	动	sòng	20、24
虽然	连	suīrán	20
所以	连	suǒyǐ	20

T

它	代	tā	27
躺	动	tǎng	22
烫	形	tàng	25
特别	副	tèbié	17
疼	形	téng	28
踢	动	tī	19
提	动	tí	29
体温	名	tǐwēn	28
体温表	名	tǐwēnbiǎo	28
天气	名	tiānqì	18
挑	动	tiāo	16
贴	动	tiē	27
听见	动	tīngjiàn	23
听力	名	tīnglì	29
停	动	tíng	23
同意	动	tóngyì	26
偷	动	tōu	29
头	名	tóu	28
透	形	tòu	29
推	动	tuī	27
腿	名	tuǐ	29

W

外边	名	wàibian	16
完	动	wán	23
玩	动	wán	17
玩具	名	wánjù	29
晚	形	wǎn	19
晚会	名	wǎnhuì	27
网球	名	wǎngqiú	19
忘	动	wàng	25
为	介	wèi	30
为什么		wèi shénme	25
喂	叹	wèi	23
文章	名	wénzhāng	27
问好		wèn hǎo	30
屋	名	wū	24
勿	副	wù	22

X

吸烟		xī yān	19
希望	动、名	xīwàng	26
洗	动	xǐ	17
洗(照片)	动	xǐ(zhàopiàn)	30
洗澡		xǐ zǎo	17
下(雨)	动	xià(yǔ)	16
下	名、动	xià	18、24
夏天	名	xiàtiān	18
先生	名	xiānsheng	16
羡慕	动	xiànmù	19
像话	形	xiànghuà	29
向	介	xiàng	30
小吃	名	xiǎochī	21
小时	名	xiǎoshí	20

小说	名	xiǎoshuō	24	音乐会	名	yīnyuèhuì	19
小偷	名	xiǎotōu	29	阴	形	yīn	18
小心	形	xiǎoxīn	29	英语	名	Yīngyǔ	21
小学	名	xiǎoxué	20	赢	动	yíng	19
些	量	xiē	21	应聘	动	yìngpìn	16
信	名	xìn	16	哟	叹	yō	28
信封	名	xìnfēng	27	邮票	名	yóupiào	16
行	形	xíng	21	游泳	动	yóuyǒng	19
行李	名	xíngli	30	有的	代	yǒude	16
幸福	形	xìngfú	30	有名	形	yǒumíng	21
熊猫	名	xióngmāo	27	友谊	名	yǒuyì	30
修	动	xiū	23	又	副	yòu	24
Y				幼儿园	名	yòu'éryuán	27
烟	名	yān	28	愉快	形	yúkuài	20
邀请	动、名	yāoqǐng	25	雨	名	yǔ	16
要是	连	yàoshi	24	预报	动	yùbào	26
钥匙	名	yàoshi	27	预习	动	yùxí	17
一……就……		yì…jiù	23	愿意	助动、动	yuànyì	28
依我看		yī wǒ kàn	26	约	动	yuē	25
一定	副	yídìng	19	约会	名	yuēhuì	25
一会儿	名	yíhuìr	20	运动	名	yùndòng	19
一样	形	yíyàng	26	**Z**			
一边……一边……		yìbiān…yìbiān…	16	杂志	名	zázhì	24
一直	副	yìzhí	23	脏	形	zāng	25
衣服	名	yīfu	17	早	形	zǎo	19
椅子	名	yǐzi	22	站	动	zhàn	22
已经	副	yǐjing	17	张	动	zhāng	28
以前	名	yǐqián	17	招聘	动	zhāopìn	16
意思	名	yìsi	25	着急	形	zháojí	27
因为	连	yīnwèi	20	找	动	zhǎo	16
音乐	名	yīnyuè	16	照相		zhào xiàng	24

这么	代	zhème	17	转告	动	zhuǎngào	23
着	助	zhe	22	壮	形	zhuàng	26
整齐	形	zhěngqí	22	撞	动	zhuàng	29
正在	副	zhèngzài	16	准备	动、名	zhǔnbèi	20
只	量	zhī	17	自己	代	zìjǐ	21
枝	量	zhī	17	足球	名	zúqiú	19
中文	名	Zhōngwén	25	嘴	名	zuǐ	28
钟	名	zhōng	18	最好	副	zuìhǎo	26
主意	名	zhǔyi	29	作业	名	zuòyè	23
祝	动	zhù	30	做	动	zuò	19
抓	动	zhuā	29				

专　名

安娜	Ānnà	16	
巴黎	Bālí	20	
巴西	Bāxī	19	
百货大楼	Bǎihuò Dàlóu	15	
大连	Dàlián	21	
罗纳尔多	Luónà'ěrduō	19	
美国	Měiguó	21	
全聚德	Quánjùdé	17	
上海	Shànghǎi	17	
四川	Sìchuān	14	
田中	Tiánzhōng	21	
西安	Xī'ān	26	
香山	Xiāngshān	18	